BIOMECÂNICA APLICADA

INSTITUTO PHORTE EDUCAÇÃO
PHORTE EDITORA

Diretor-Presidente
Fabio Mazzonetto

Diretora Financeira
Vânia M. V. Mazzonetto

Editor-Executivo
Fabio Mazzonetto

Diretora Administrativa
Elizabeth Toscanelli

Conselho Editorial
Francisco Navarro
José Irineu Gorla
Marcos Neira
Neli Garcia
Reury Frank Bacurau
Roberto Simão

BIOMECÂNICA APLICADA
Uma abordagem para o treinamento de força

2ª edição revisada e ampliada

Paulo H. Marchetti
Ruy Calheiros
Mario Charro

São Paulo, 2019

Biomecânica aplicada: uma abordagem para o treinamento de força
Copyright © 2007, 2019 by Phorte Editora

Rua Rui Barbosa, 408
Bela Vista – São Paulo – SP
CEP 01326-010
Tel.: (11) 3141-1033
Site: www.phorte.com.br
E-mail: phorte@phorte.com.br

Nenhuma parte deste livro pode ser reproduzida ou transmitida de qualquer forma, sem autorização prévia por escrito da Phorte Editora.

CIP-BRASIL. CATALOGAÇÃO NA PUBLICAÇÃO
SINDICATO NACIONAL DOS EDITORES DE LIVROS, RJ

M264b
2. ed.

Marchetti, Paulo H.
Biomecânica aplicada : uma abordagem para o treinamento de força / Paulo H. Marchetti, Ruy Calheiros, Mario Charro. - 2. ed. rev. ampl. - São Paulo : Phorte, 2019.
352 p. : il. ; 28 cm.

Inclui bibliografia
ISBN 978-85-7655-741-8

1. Biomecânica. 2. Mecânica humana. 3. Musculação. 4. Esportes - Aspectos fisiológicos. 5. Exercícios físicos - Aspectos fisiológicos. I. Calheiros, Ruy. II. Charro, Mario. III. Título.

| 19-58175 | CDD: 612.044 |
| | CDU: 612:613.71 |

Leandra Felix da Cruz - Bibliotecária - CRB-7/6135
ph0267.2

Este livro foi avaliado e aprovado pelo Conselho Editorial da Phorte Editora.

Impresso no Brasil
Printed in Brazil

Agradecimentos

Ao Antônio A. Marchetti, pela revisão dos textos. À Professora Priscyla N. Marchetti, pela participação nas fotos e pelo auxílio na revisão dos textos finais. Aos Professores Alfredo Antônio Del Nero Júnior e Maurício Fernandes (Training Club). Ao Professor Flávio Delmanto, à Professora Doralice Signori e ao Doutor César de Oliveira, pela colaboração e pela disponibilização dos espaços das Faculdades Metropolitanas Unidas (FMU), sempre que necessário. Ao Professor Fabio Mazzonetto, não apenas pela visão e pelo interesse na confecção do livro, mas pela dedicação às ações em prol do engrandecimento da Educação Física.

Agradeço a Deus. Aos meus pais, Antônio A. Marchetti e Yara C. Marchetti (*in memoriam*). Aos meus irmãos, Luís C. Marchetti e Fernando R. Marchetti. À minha querida esposa, Priscyla N. Marchetti, pelo apoio, pelo envolvimento, pelo companheirismo, pelo amor e pela dedicação. Ao João Vitor de Paiva Nardi, meu sempre "companheirinho". Ao meu grande amigo, professor e mestre Marcio Antunes Pereira (MJ Corp.), pela humildade, pela dedicação, pelo companheirismo, pela amizade e pelos ensinamentos fundamentais para o meu desenvolvimento na língua inglesa. Aos companheiros e amigos, Mestre Ruy Calheiros e Mestre Mario Charro. Aos professores, aos alunos e aos amigos que sempre me motivaram e apoiaram.

Paulo H. Marchetti

Aos meus pais, Marco Antônio Calheiros (*in memoriam*) e Theodora de Bonis Marcilio Calheiros, pelo carinho, pelo apoio e pelo amor em todas as etapas da minha vida. Amo vocês! Muito obrigado por tudo!

À minha companheira, Juliana Cardoso Calheiros, a mulher da minha vida, pela paciência, pela dedicação, pela compreensão e pelo companheirismo em todos os momentos. Aos meus filhos, Manoela Cardoso Calheiros e Rodrigo Cardoso Calheiros, os grandes amores da minha vida. Recarrego as minhas energias com vocês todos os dias.

Aos amigos de jornada, Mestre Mario Charro e Doutor Paulo H. Marchetti, companheiros e incentivadores do meu trabalho.

Aos meus queridos professores, que sempre me apoiaram e motivaram a estudar.

Ruy Calheiros

À minha família, que abriu mão de minha presença em muitos momentos que seriam de lazer para que eu pudesse me dedicar à confecção desta obra.

Àqueles que, em algum momento, ao lerem um de meus textos ou ao assistirem a algumas de minhas aulas ou palestras, questionaram-me ou teceram comentários que puderam engrandecer meus conhecimentos ou adequar minhas atitudes para que estas viessem a ficar cada vez melhores.

Aos meus companheiros desta jornada, que permitiram, ao compartilharmos seu desenvolvimento, alguns momentos de muito trabalho e outros de muita descontração, que culminaram com o desenvolvimento de meus conhecimentos técnicos e o prazer de estarmos juntos (vocês são pessoas muito queridas).

Mario Charro

Apresentação

Com o avanço nas informações relacionadas ao esporte, à atividade física e ao desempenho, cada vez mais conhecimentos específicos relacionados a essas áreas precisam ser explorados e entendidos. Por exemplo, a fisiologia e o controle motor desempenham um papel extremamente importante no entendimento desses setores da Educação Física, e, portanto, a Biomecânica reafirma sua importância. Esses conceitos se inter-relacionam, o que pode gerar certa dúvida quanto aos seus limites. Entretanto, pensamos que essas áreas não devem ser delineadas, mas, sim, agregadas, para o completo entendimento do movimento humano.

A Biomecânica tem diversos ramos de atuação em relação aos exercícios físicos e à Educação Física, como na melhora do desempenho, no treinamento, na técnica desportiva, na criação e na construção de equipamentos, na prevenção de lesões e na reabilitação.

O livro *Biomecânica aplicada: uma abordagem para o treinamento de força* aborda conceitos importantes em Biomecânica, que são úteis para compreender e analisar o movimento humano.

O termo *cinesiologia* é definido como o estudo do movimento humano, abrangendo diversas áreas, entre elas, Comportamento Motor, Treinamento, Pedagogia, História e Psicologia do Desporto, Fisiologia do Exercício e Biomecânica. O termo *biomecânica* caracteriza a ciência que estuda os sistemas biológicos sob o foco da Mecânica, ramo da Física que analisa as ações de forças sobre partículas e sistemas mecânicos.

Com base nesses conceitos, agregamos os conhecimentos teóricos da Biomecânica aos conhecimentos práticos do treinamento e da atividade física. Essa preocupação se deve à escassa literatura sobre o assunto e à controvérsia sobre a biomecânica aplicada ao treinamento físico, em especial, o de força muscular. A grande variação metodológica do treinamento físico e a vasta diversidade de objetivos específicos em cada ciclo da planificação fazem que a escolha do exercício mais específico ou direcionado otimize os resultados, além de diminuir erros que possam levar a problemas crônicos, tanto articulares quanto musculares.

Esta segunda edição da obra está dividida em nove capítulos:

Nos capítulos 1 e 2, *Conceitos básicos sobre grandezas físicas* e *Conceitos em Biomecânica*, são abordados conceitos de mecânica necessários para o entendimento da Biomecânica e como utilizá-los na prática.

O capítulo 3, *Sistema ósseo*, descreve as características ósseas, assim como conhecimentos sobre crescimento, adaptação e deformação do tecido ósseo.

No capítulo 4, *Sistema articular*, há a definição das diferentes classificações articulares, de seus componentes e dos respectivos movimentos articulares. A cada articulação listada, foram adicionados os músculos que agem como primários em cada movimento articular.

O capítulo 5, *Biomecânica neuromuscular*, apresenta os conceitos e as características dos sistemas nervoso e muscular, direcionando a informações sobre controle motor.

No capítulo 6, *Exercícios*, direcionado à análise cinesiológica dos exercícios da musculação, há, também, uma possível aplicação a áreas correlatas.

O capítulo 7, *Biomecânica do levantamento de peso olímpico*, discute e analisa as estratégias mais adequadas para a realização dos movimentos de arranque e de arremesso.

No capítulo 8, *Conceitos físicos do meio líquido*, há a abordagem das propriedades físicas da água como ambiente para a prática de exercícios, da ação das forças e da segurança no ambiente aquático.

O capítulo 9, *Marcha humana*, trata das características mecânicas e das adequações necessárias para a maior eficiência da marcha, que é a mais frequente manifestação do movimento humano.

Esperamos, com esta obra, contribuir para o engrandecimento dessa nobre área e auxiliar treinadores e estudantes quanto à escolha correta dos exercícios para cada tipo de treinamento desejado.

Sumário

1. **Conceitos básicos sobre grandezas físicas** 11
   - Relações trigonométricas fundamentais 13
   - Grandezas físicas 13
   - Aplicação de vetores 16
2. **Conceitos em biomecânica** 19
   - Dimensões em biomecânica 21
3. **Sistema ósseo** 43
   - Composição óssea 45
   - Classificação óssea 46
   - Ossos longos 49
   - Processo de formação e crescimento ósseo 51
   - Sistema esquelético 53
   - Tipos de cargas aplicadas ao osso 54
   - Remodelação óssea 57
4. **Sistema articular** 63
   - Classificação 65
   - Biomecânica musculoarticular 76
5. **Biomecânica neuromuscular** 99
   - Arquitetura e função muscular 101
   - Sistema Nervoso 107
   - Mecânica muscular 116
   - Propriedades mecânicas musculares 117
6. **Exercícios** 121
   - Considerações gerais 123
   - Exercícios para a coluna 125
   - Membros inferiores 145
   - Membros superiores 189
7. **Biomecânica do levantamento de peso olímpico** 277
   - A técnica 280
   - Por que treinar LPO? 281
   - Maior benefício do LPO para outras modalidades esportivas: a extensão tripla 282
   - As fases dos movimentos 283
   - Modelo de parâmetros qualitativos analisados 288
8. **Conceitos físicos do meio líquido** 291
   - A água e suas propriedades físicas 295
   - As forças de interação entre o corpo humano e o ambiente aquático 298
   - Outros fatores que podem aumentar ou diminuir a resistência ao movimento em água 314
9. **Marcha humana** 317
   - Marcha normal 319
   - Análise de marcha 327

Referências 331

Bibliografia consultada 337

Sobre os autores 343

Sobre os colaboradores 347

1

CONCEITOS BÁSICOS SOBRE GRANDEZAS FÍSICAS

Diversas grandezas físicas podem ser quantificadas e descritas de diferentes formas na análise do movimento humano. Neste capítulo, abordam-se conceitos importantes sobre vetores para serem aplicados à compreensão e à análise do movimento humano.

Relações trigonométricas fundamentais

$$\operatorname{sen} \alpha = \frac{\text{cateto oposto}}{\text{hipotenusa}} = \frac{a}{c} \quad \text{e} \quad \alpha = \operatorname{arc\,sen} \frac{a}{c}$$

$$\cos \alpha = \frac{\text{cateto adjacente}}{\text{hipotenusa}} = \frac{b}{c} \quad \text{e} \quad \alpha = \operatorname{arc\,cos} \frac{b}{c}$$

$\operatorname{sen}^2 \alpha + \cos^2 \alpha = 1$

Vale o teorema de Pitágoras: $c^2 = a^2 + b^2$

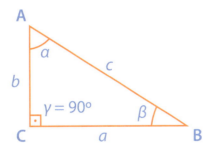

Figura 1.1 – Funções trigonométricas.

Grandezas físicas

Grandezas escalares

Podem ser medidas por um instrumento ou uma escala, como espaço (comprimento, área e volume), tempo ou massa. Caracterizam-se por um número e sua unidade.

Grandezas vetoriais

São caracterizadas por direção, sentido, um número e sua unidade. Caracterizam-se como grandezas vetoriais as medidas de *fricção* (atrito), de *estresse* (forças tensivas ou compressivas), de *peso* (reflete a massa sob a ação da gravidade), de *movimento físico* (velocidade, aceleração) e de *força* (efeito de interação entre objetos rígidos ou deformáveis).

Os vetores são representados por setas e podem ser representados tanto gráfica quanto matematicamente. Quanto à forma gráfica, os vetores são representados por uma seta e podem ser representados por seus componentes em um sistema de coordenadas x e y (bidimensionalmente) ou x, y e z (tridimensionalmente).

Quando se representa mais de um vetor no sistema, trata-se de uma *composição vetorial*, um processo para determinar um único vetor a partir da soma vetorial de dois ou mais vetores (resultante), sendo *coplanares*.

O procedimento de soma vetorial pode ser realizado pelo *método do polígono* (da ponta à cauda), em que a extremidade de um segundo é colocada na origem do primeiro vetor, e, então, a resultante é traçada unindo a extremidade do primeiro vetor com a ponta do último vetor. Esse procedimento pode ser realizado com diferentes números de vetores. A Figura 1.2 representa a forma gráfica de soma vetorial pelo método do polígono.

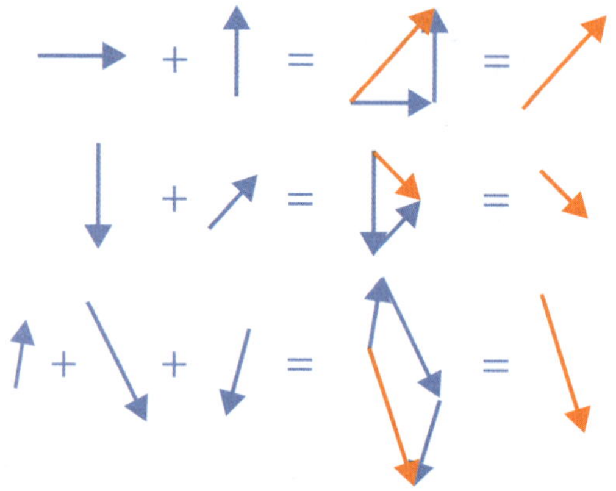

FIGURA 1.2 – Representação gráfica de soma vetorial (resultante), pelo método do polígono.

Matematicamente, numa condição de coordenadas retangulares, o vetor pode ser representado por suas projeções em cada eixo, e as seguintes relações trigonométricas podem ser aplicadas:

$$tg\theta = F_Y / F_X$$

$$sen\theta = F_Y / F$$

$$cos\theta = F_X / F$$

O módulo do vetor pode ser calculado pelo teorema de Pitágoras ($F^2 = F^2_x + F^2_y$) (Figura 1.3).

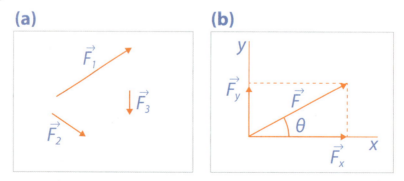

FIGURA 1.3 – Representação gráfica de um vetor (a) e seus componentes em um sistema de coordenadas (b).

No *método das componentes*, os vetores são decompostos em seus componentes x e y e, então, somados, resultando em um componente resultante em cada direção (resultante x e resultante y). A resultante total pode ser definida gráfica ou matematicamente pelo teorema de Pitágoras (Figura 1.4).

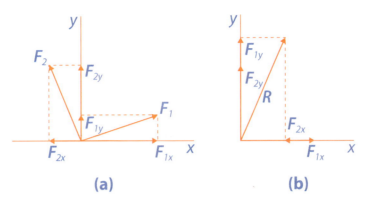

FIGURA 1.4 – Soma dos componentes dos vetores F_1 e F_2 em x e y (a); soma algébrica em x e y para definir a resultante R (b).

Entretanto, a resultante também pode ser calculada por meio da lei dos cossenos (Figura 1.5), aplicada por duas forças com a fórmula:

$$R^2 = F_1^2 + F_2^2 + 2\,F_1 F_2 \cdot \cos\theta$$

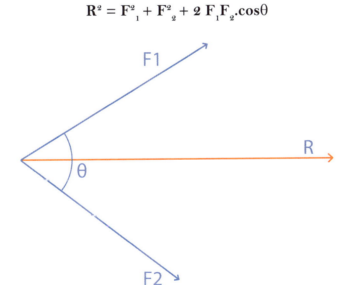

FIGURA 1.5 – Aplicação da lei dos cossenos.

Aplicação de vetores

A representação da força muscular (interna) ou, até mesmo, as forças externas que agem no corpo como vetores é estratégia interessante para a análise do movimento humano. O vetor que representa a força pode conter em seu comprimento a magnitude da força, a direção (para onde a força é aplicada) e o ponto de aplicação (relação entre a força e o sistema).

Na Figura 1.6, observa-se um exercício visando ao cálculo do vetor resultante da força interna (músculo) em relação ao seu ângulo de penação.

Calcular quanta força é exercida pelo tendão de um músculo penado quando a tensão nas fibras é de 100 N, dados os seguintes ângulos de penação:
1. 40º
2. 60º
3. 80º
Dados conhecidos

$$F_{fibras} = 100 \text{ N}$$

ângulo de penação = 40º , 60º , 80º

Solução
Dado procurado: = $F_{tendão}$

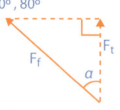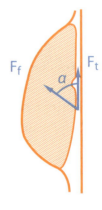

A relação entre a tensão nas fibras e a tensão no tendão é:

$$F_{tendão} = F_{fibras} \cos \alpha$$

1. Para $\alpha = 40º$, $F_{tendão} = (100 \text{ N}) (\cos 40º)$
$$F_{tendão} = 76,6 \text{ N}$$
2. Para $\alpha = 60º$, $F_{tendão} = (100 \text{ N}) (\cos 60º)$
$$F_{tendão} = 50 \text{ N}$$
3. Para $\alpha = 80º$, $F_{tendão} = (100 \text{ N}) (\cos 80º)$
$$F_{tendão} = 17,4 \text{ N}$$

FIGURA 1.6 – Exercício sobre o cálculo da força interna resultante em relação ao ângulo de penação do músculo.
Fonte: adaptada de Hall (2009).

Na Figura 1.7, observa-se o uso do conceito de vetores utilizando a força externa (halter) em cada posição articular do complexo do ombro, em que a força externa é representada pelo vetor e as diferentes distâncias entre o vetor força e a articulação interferem nos valores de torque externo.

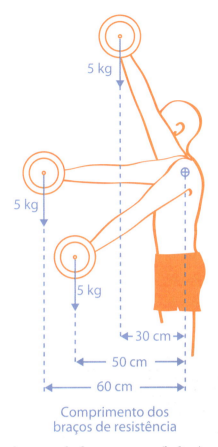

FIGURA 1.7 – Posicionamento do vetor da força externa (halter) em relação ao ângulo articular do complexo do ombro, com vistas a determinar o torque em cada posição.
Fonte: adaptada de Hall (2000).

No treinamento de força, o entendimento da posição do vetor da carga externa é fundamental para a correta aplicação do exercício, assim como da definição indireta dos músculos utilizados (Figura 1.8).

  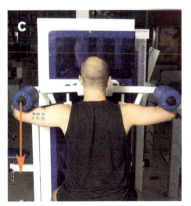

FIGURA 1.8 – Representação dos vetores das forças externas aplicadas no sistema biológico: (a) pesos livres; (b) cabos; (c) máquinas.

Conceitos básicos sobre grandezas físicas | 17

Outra aplicação dos vetores é a possibilidade de cálculo de carga externa que um equipamento como o *Leg Press* exerce durante o treino.

Exemplo: considerando que anilhas são colocadas no equipamento, totalizando 1.000 N (Peso = massa × aceleração: 100 kg × 10 m/s^2), qual seria a sobrecarga imposta no praticante? Levando em conta que o *Leg Press* teria 45° de inclinação em seu trilho, pode-se calcular a sobrecarga externa pelo uso dos conceitos de trigonometria:

$$\text{Sobrecarga externa} = F \cdot \text{sen } \theta$$

Em que: F: sobrecarga total (1.000 N); θ: ângulo de inclinação do equipamento.

Portanto (Figura 1.9):

Sobrecarga externa = 1.000 . sen 45° = 1.000 . 0,71 = 710 N

Para um *Leg Press* vertical, em que a angulação com a vertical é zero (90°):

Sobrecarga externa = F . sen θ = 1.000 . sen 90° = 1000 . 1 = 1.000 N

FIGURA 1.9 – Sobrecarga imposta ao executante durante a execução do *Leg Press* 45°.

2

CONCEITOS EM BIOMECÂNICA

Neste capítulo, são abordados conceitos importantes em Biomecânica (mecânica), úteis para compreender e analisar o movimento humano.

Dimensões em biomecânica

As unidades de mensuração têm relevância primordial para que a quantificação ou a resolução de um problema sejam compreendidas. O sistema de medidas mais utilizado é o sistema métrico ou Sistema Internacional (SI).

A unidade utilizada para mensurar o comprimento é o metro (m), o tempo é o segundo (s) e a massa é o quilograma (kg). Essas dimensões são importantes para diversas análises do desempenho, para determinar, por exemplo, a antropometria dos atletas (altura, envergadura), a distância que um atleta alcançou em um salto triplo (distância atingida), o tempo em uma prova de 100 metros rasos ou a massa corporal de um boxeador.

Apenas essas três dimensões são necessárias para definir outras dimensões em mecânica.

Mecânica e movimento

A mecânica pode ser subdividida em dois ramos: a cinemática e a cinética. A cinemática estuda a descrição do movimento, sem se interessar com as forças que agem no sistema, ao passo que a cinética estuda as forças associadas ao movimento. Cada um desses ramos pode, ainda, ser separado em razão das características do movimento.

Os movimentos podem ser divididos em lineares, angulares ou mistos (Figura 2.1).

Figura 2.1 – Tipos de movimentos: (a) linear (deslocamento vertical da barra); (b) angular (movimento das articulações); (c) misto (conjunto do afundo).

O *movimento linear* (translação) de um sistema é caracterizado quando todas as partes do corpo têm a mesma velocidade e direção. Caso o movimento seja em linha reta, é classificado como retilíneo; se for uma curva, classifica-se como curvilíneo. O *movimento angular* caracteriza rotação ao redor de uma linha ou ponto central e pode ser quantificado em graus ou radianos (1 rad = 57,3 graus). Por fim, o *movimento misto* é a associação dos movimentos lineares e angulares.

O estudo do movimento ocorre utilizando sub-ramos da mecânica, denominados *estática* e *dinâmica*. A *estática* trata da análise dos sistemas em repouso ou em movimento, com velocidade constante, já a *dinâmica* estuda os sistemas que apresentam aceleração.

Cinemática

A *cinemática* preocupa-se com a descrição do movimento e pode ser classificada em *linear* e em *angular*.

A *cinemática linear* descreve o movimento linear. A primeira característica é o conceito de posição (localização no espaço). Para descrever a posição, é necessário um ponto fixo de referência (origem das coordenadas). Dessa forma, pode-se utilizar, por exemplo, um sistema de coordenadas cartesianas.

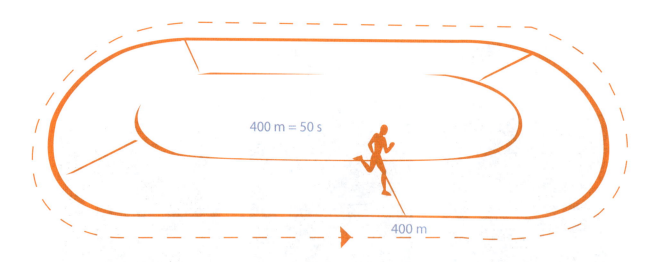

FIGURA 2.2a – Deslocamento.

O trajeto executado pelo sistema analisado é chamado de *distância percorrida*, e a distância em linha reta a partir da posição inicial até a posição final é o *deslocamento resultante*.

A *velocidade escalar* é o índice de movimento, e a *vetorial* é o índice do movimento em uma direção específica. A velocidade escalar média e a escalar instantânea de um sistema são caracterizadas pela distância percorrida dividida pelo tempo para perfazê-la, mas, na instantânea, o intervalo de tempo utilizado é muito pequeno. A velocidade vetorial média é o deslocamento resultante de um sistema dividido pelo tempo que este levou para percorrê-lo.

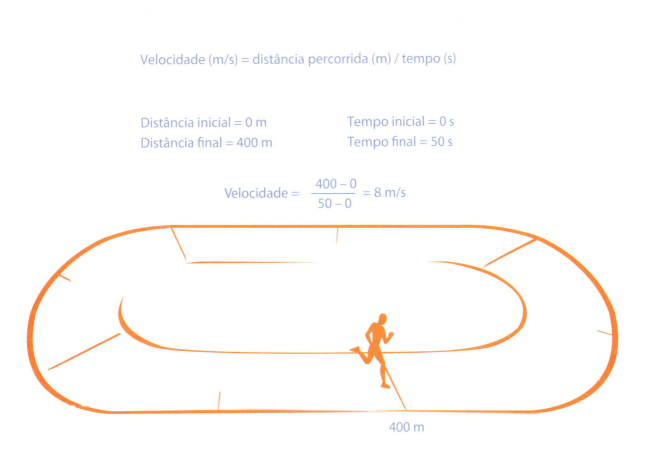

Figura 2.2b – Velocidade.

Aceleração é o índice de mudança na velocidade vetorial. A *aceleração média* é definida como a mudança na velocidade vetorial dividida pelo intervalo de tempo gasto. A *aceleração instantânea* é a aceleração de um sistema em determinado tempo.

$$\text{Aceleração (m/s}^2\text{)} = \text{velocidade (m/s) / tempo (s)}$$

$v = 0$
$t = 0$

$$\text{Aceleração} = \frac{v_f - v_i}{t_f - t_i} = \frac{8 - 0}{10 - 0} = 0{,}8 \text{ m/s}^2$$

$v = 8 \text{ m/s}$
$t = 10 \text{ s}$

FIGURA 2.3 – Aceleração.

A *cinemática angular* descreve o movimento angular. A *posição angular* é a orientação de uma linha com outra ou um plano. No corpo humano, a *posição angular absoluta* é a orientação angular de um segmento corporal em relação a uma referência fixa (vertical ou horizontal), ao passo que a *posição angular relativa* é o ângulo articular entre os eixos longitudinais dos segmentos.

O *deslocamento angular* é a variação da posição angular, caracterizado pelo ângulo formado entre a posição inicial e a final.

A *velocidade angular* é definida como o índice de variação do deslocamento angular. A *velocidade angular média* e a *instantânea* são definidas como a variação da posição angular dividida pelo tempo; na instantânea, o intervalo de tempo é muito pequeno.

$$\text{Velocidade angular (rad/s)} = \text{deslocamento angular (rad) / tempo (s)}$$

A *aceleração angular* é o índice de variação da velocidade angular.

$$\text{Aceleração angular (rad/s}^2\text{)} = \text{velocidade angular (rad/s) / tempo (s)}$$

Por exemplo, um atleta executa o exercício de rosca direta com barra em uma amplitude de 120° e realiza 10 repetições. O intervalo de tempo foi de 20 segundos. Conta-se a amplitude da flexão (120°) e extensão (120°), totalizando 240° por repetição, dessa forma, multiplica-se o valor da repetição por 10 (repetições). Deve-se transformar graus em radianos (2.400/57,3 = 41,88). Assim, a velocidade angular média é de 41,88 - 0/ 20 - 0 = 2,09 rad/s².

Cinética

A *cinética* estuda as forças associadas ao movimento e também pode ser classificada em *linear* e em *angular*.

A *cinética linear*, definida para movimentos lineares, é estruturada com base nas Leis de Isaac Newton (1642-1727).

Leis de Newton na cinética linear

William West/AFP/Getty Images

1ª Lei - Inércia: um corpo mantém seu estado de repouso ou velocidade constante, a não ser quando influenciado por uma força externa capaz de modificá-lo.

2ª Lei - Aceleração: uma força aplicada a um corpo acarreta uma aceleração de magnitude proporcional à força, na direção da força e inversamente proporcional à massa do corpo. Para essa Lei, há uma equação que a representa:

$$F = m \cdot a$$

Em que:
F: força aplicada; m: massa do corpo (kg); a: aceleração resultante (m/s^2).

Martin Rose/Bongarts/Getty Images

Michael Steele/Getty Images

3ª Lei - Ação e Reação: quando um corpo exerce uma força sobre outro, esse segundo exerce uma força de reação, que é igual em magnitude e oposta em direção, sobre o primeiro corpo. A figura ao lado exemplifica essa Lei, pois, quando se corre, cada pé em contato com o chão gera uma força, e o chão retorna essa força com a mesma magnitude e em direção oposta.

A *Força de Reação do Solo* (FRS) pode ser representada por suas componentes *vertical* e *horizontal* (forma simplificada). A magnitude da *componente vertical* da FRS, em uma corrida, pode atingir de duas a três vezes o peso corporal do praticante, sendo capaz de aumentar com a velocidade da corrida. A *componente horizontal* da FRS pode ser considerada uma força de desaceleração do corpo ou retardamento, fazendo que, desse modo, quanto maior o comprimento da passada, maior seja esse componente.

Outra lei importante descoberta por Newton foi a Lei da Gravitação, na qual todos os corpos se atraem mutuamente com uma força proporcional ao produto de suas massas e inversamente proporcional à distância entre elas.

$$Fg = G\,(m1.m2\,/\,d^2)\ (m/s^2)\ em\ m/s^2$$

Em que:
Fg: força de atração gravitacional;
G: constante numérica;
m1 e m2: massas dos corpos;
d: distância entre os centros de massa dos corpos.

A *cinética angular* pode ser baseada nas Leis de Newton, mas para movimentos angulares. Portanto, *torque* é o equivalente à força, já o *momento de inércia* é equivalente à massa.

FIGURA 2.4 – Representação da Força de Reação do Solo (FRS) e suas componentes (vertical e horizontal).

Leis de Newton na cinética angular

Daniel Garcia/AFP/Getty Images

1ª Lei de Newton: um corpo em rotação mantém um estado de movimento rotacional constante se não for influenciado pela ação de um torque externo.

2ª Lei de Newton: um torque efetivo produz aceleração angular de um corpo inversamente proporcional à magnitude do torque e na mesma direção deste, sendo inversamente proporcional ao momento de inércia do corpo.

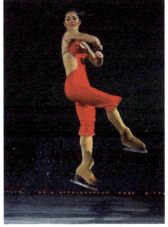

Liu Jin/AFP/Getty Images

3ª Lei de Newton: para cada torque exercido sobre um corpo existe um torque igual e oposto exercido pelo segundo corpo sobre o primeiro.

Conceitos em biomecânica

A *inércia* é definida pela tendência de um corpo em resistir à aceleração. A *resistência de aceleração* de um corpo para um movimento angular depende de sua massa com relação ao *eixo de rotação*. O *momento de inércia* é a propriedade inercial dos corpos em rotação, representando a *resistência* e a *aceleração angular*.

$$I = \Sigma m.r^2 \ (kg/m^2)$$

Em que:
I: momento de inércia;
m: massa da partícula;
r: raio de rotação.

Isso significa que balançar um taco de beisebol, segurando em sua parte mais fina, é mais difícil do que segurar seu lado mais grosso, pois, desse modo, uma massa maior está perto do eixo de rotação do bastão.

Quando se pensa na corrida, quanto mais próximo os pés e as pernas estiverem do centro de rotação dos quadris (plano sagital), menor será o momento de inércia, facilitando a flexão de quadris, necessária para o deslocamento do atleta.

Por fim, o *momento angular* é a quantidade de movimento angular em um corpo, e pode ser quantificado pelo produto do momento de inércia e pela sua velocidade angular.

Força e torque

A *força*, segundo conceitos físicos, pode ser caracterizada como um impulso ou uma tração agindo sobre um corpo e pode produzir, parar ou alterar o movimento dos sistemas. A força tem magnitude, direção e ponto de aplicação.

Figura 2.5 – Sentido da contração muscular anexado a um sistema de ossos e articulação.

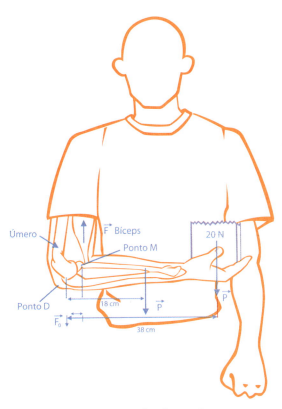

FIGURA 2.6 – Esquema das forças internas e externas.

Pode-se classificar as forças em *internas* e *externas*. As *forças internas* são as que agem dentro do sistema analisado e as *externas* são as que agem sob um objeto como resultado de sua interação com o ambiente. Como exemplos, pode-se considerar um atleta de fisiculturismo executando uma rosca direta, levando em conta a força muscular e as ligamentares empregadas (forças internas), ou se pode analisar o efeito do torque gerado por um *dumbbell* na mão do atleta (forças externas).

Existem alguns tipos de força relevantes para o nosso foco de estudo do movimento: a *força-peso* (força com que a Terra nos atrai para o seu centro, produto da aceleração da gravidade pela massa do corpo), a *força muscular* (ação de interação das proteínas contráteis musculares) e a *força de atrito* (atua sobre a área de contato entre duas superfícies na direção oposta ao movimento ou tendência ao movimento). Existem, ainda, outras forças aplicadas ao corpo humano utilizadas em *diagramas de corpo livre* (diagrama simplificado do sistema isolado que considera as interações entre o sistema e o meio): força de reação do solo, força de reação articular, pressão intra-abdominal, resistência dos fluidos, força elástica e força inercial.

Torque (momento de força) é o efeito (ou a tendência) de rotação criado por uma força, caracterizado por magnitude e direção. Portanto, quanto maior o torque, maior será o efeito de rotação. Em termos algébricos, torque é o produto entre a força aplicada e seu *braço de momento* (menor distância perpendicular entre a linha de ação da força e o eixo de rotação).

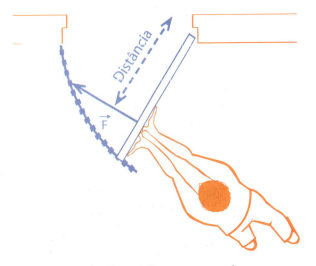

FIGURA 2.7 – Análogo à força, mostrando a aplicação da força e sua distância ao eixo de rotação.

Conceitos em biomecânica | 29

No corpo humano, o movimento envolve rotação segmentar em torno das articulações. Esses movimentos são o resultado da interação entre as forças musculares e as cargas externas aplicadas a esse sistema. Portanto, em um sistema no qual são aplicados diversos tipos de força em locais distintos, o torque resultante definirá a direção e magnitude da rotação. O *equilíbrio rotacional* significa que o torque resultante é zero, entretanto, isso não significa que não existam forças sendo aplicadas no sistema, mas, sim, que essas forças se anulam.

Planos e eixos

Para o estudo dos movimentos do corpo humano, utiliza-se a posição anatômica como referência (Figura 2.8). A descrição do movimento baseado na posição anatômica necessita do auxílio dos planos e dos eixos.

Os planos são classificados em *sagital, frontal* e *transversal (horizontal)*. O *plano sagital* divide o corpo em direita e esquerda, bem como todos os planos paralelos a ele. O *plano frontal* divide o corpo em anterior e posterior, ao passo que o *plano horizontal*, em superior e inferior, assim como todos os planos paralelos a estes.

Cada plano necessita de um eixo e este, por sua vez, pode ser definido como o local onde o movimento ocorre ao seu redor. Os eixos cruzam os planos de forma perpendicular.

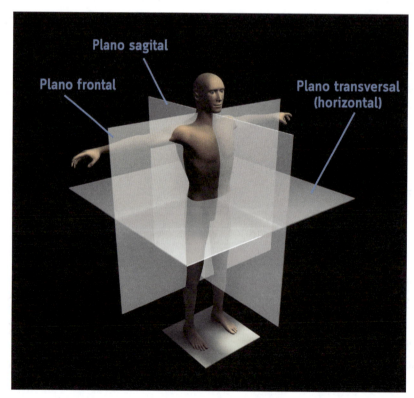

Figura 2.8 – Planos corporais.

O plano sagital, associado ao eixo transversal, permite os movimentos de flexão, extensão e hiperextensão. No plano frontal e no eixo sagital, encontram-se os movimentos de adução, de abdução e de inclinações (flexão lateral). No plano horizontal e no eixo longitudinal, podem ser observados os movimentos de rotação, assim como a flexão (adução) horizontal e a extensão (abdução) horizontal. Existem movimentos circulares, nos quais ocorre o somatório dos movimentos e, consequentemente, de eixos, denominados *circundução*.

Analisando o movimento humano, pode-se classificar cada articulação segundo o número de eixos permitido (grau de liberdade): *anaxial* (sem eixo), *monoaxial* ou *uniaxial* (um eixo), *biaxial* (dois eixos) e *triaxial* (três eixos). Essa classificação por articulação será abordada no Capítulo 4.

Alavancas

Para o movimento humano ocorrer, os músculos que produzem força estão ligados aos ossos que giram em torno de uma ou mais articulações. Esse sistema deve ser entendido por meio dos conceitos de *alavanca*.

Alavanca é uma máquina simples composta por uma barra (osso) que pode ser girada em torno de um eixo (articulação), sob a ação de forças.

As alavancas podem ser classificadas com base na disposição de seus componentes (eixo, força aplicada e resistência) (Figura 2.9).

FIGURA 2.9 – Classificação das alavancas corporais.

Em alavancas de primeira classe ou interfixas, a força e a resistência são aplicadas nas extremidades, deixando o eixo entre elas. No corpo humano, pode-se observar essa alavanca quando se considera a ação dos músculos extensores da coluna cervical (força), a articulação atlanto-occipital (eixo) e o peso da cabeça (resistência). As alavancas de segunda classe ou inter-resistentes são aquelas nas quais a aplicação da resistência está entre a força e o eixo. Como exemplo, cita-se o exercício de flexão plantar na máquina *hack*, em que os músculos da flexão plantar geram a força, o antepé é considerado eixo fixo e a resistência (ação das forças externas) incide entre músculos e antepé. Por fim, as alavancas de terceira classe ou interpotentes são aquelas nas quais a força é aplicada entre a resistência e o eixo. A maioria das alavancas corporais está inserida nessa classe. A relação entre torque e alavanca será discutida no Capítulo 5.

Centro de gravidade

O *centro de gravidade* (centroide de massa ou centro de massa – CG) pode ser definido pelo ponto no qual toda a massa corporal está igualmente distribuída. Isso significa que forças e torques estão equilibrados (Σ forças = 0; Σ torques = 0). Esse conceito é importante, pois se pode considerar que toda a massa corporal está concentrada nesse ponto (CG), que é onde atua a força-peso resultante.

A posição vertical do centro de gravidade varia do homem para a mulher, entre 57% e 55% da altura (a partir do solo), respectivamente. Como a distribuição da massa corporal não é homogênea, o centro de gravidade desloca-se na direção da maior massa. Dependendo da postura corporal adotada, o centro de gravidade pode estar fora do corpo.

No treinamento, uma mudança na posição corporal pode alterar a posição do centro de gravidade e diferenciar o torque de resistência. Por exemplo, nos exercícios abdominais, o posicionamento dos braços modifica a intensidade do exercício. Isso ocorre em razão do centro de gravidade ser deslocado para a região superior do corpo, acompanhando o deslocamento da massa corporal (Figura 2.10).

O equilíbrio corporal depende da influência dos torques, atuando no centro de gravidade. Dessa forma, podemos classificar três tipos de equilíbrio: *estável* (quando o CG sofre deslocamento, mas retorna à posição original), *instável* (o CG é deslocado de sua posição inicial e não retorna a ela, adotando nova posição) e *neutro* (no qual as forças aplicadas sempre têm torque zero em relação ao ponto de apoio).

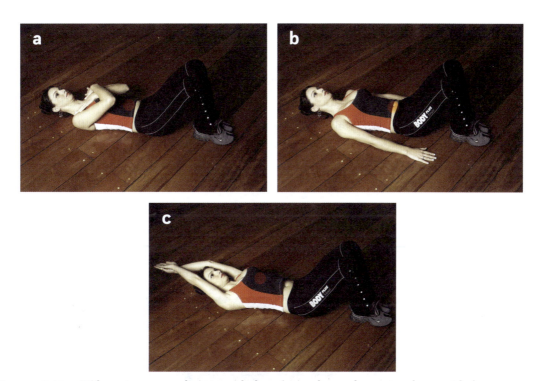

FIGURA 2.10 – Diferentes graus de intensidade pela mudança do centro de gravidade.

Para manter o equilíbrio, a projeção vertical do centro de gravidade deve estar posicionada dentro da base de suporte, que é a área delimitada pelo contato do corpo com a superfície de apoio. Pode-se adotar diferentes bases de suporte, dependendo dos objetivos esportivos, posturais ou de reabilitação (Figura 2.11).

FIGURA 2.11 – Diferentes bases de suporte.

Estabilidade

Estabilidade é definida como a capacidade de um objeto de retornar ao equilíbrio ou à posição inicial após ser deslocado. A estabilidade do corpo depende de diversos fatores como: altura do centro de gravidade (a aproximação do CG do chão aumenta a estabilidade, pois mais trabalho é necessário para alterá-lo), tamanho da base de suporte (quanto maior a base, no sentido do deslocamento, mais estável), posição da projeção horizontal do CG na base de suporte e peso corporal (quanto maior, mais estável).

Pode-se controlar a estabilidade mudando a postura ou a posição corporal. Um lutador tem a possibilidade de buscar posições distintas, dependendo de sua intenção na luta. Ao buscar estabilidade, ele pode baixar seu CG ou, até mesmo, aumentar sua base de suporte na direção da aplicação das forças desestabilizadoras. Caso o lutador aumente a base de suporte na direção errada, não se amplia a estabilidade.

Jamie McDonald/Getty Images   Rabih Moghrabi/AFP/Getty Images   STR/AFP/Getty Images

FIGURA 2.12 – As posições de um lutador.

Outra estratégia utilizada é deslocar o CG para a borda contrária à aplicação da força. Desse modo, o oponente terá de aplicar maior trabalho para desestabilizar o lutador.

Entretanto, quando o objetivo é desenvolver movimentos rápidos, uma menor estabilidade é requerida. Dessa forma, pode-se diminuir a base de suporte, deslocando horizontalmente o CG para a borda da base de suporte em direção ao deslocamento do lutador.

Fique por dentro

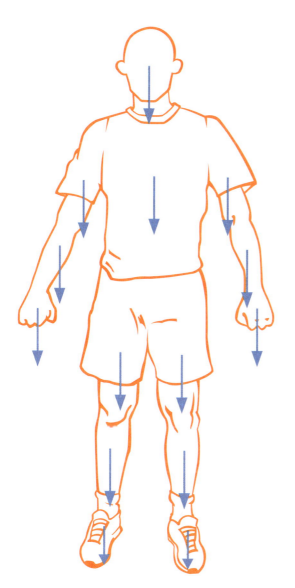

FIGURA 2.13 – Ilustração inicial para análise.

Determinação do centro de gravidade

O método mais usual para a determinação do CG no corpo humano é o segmentar.

Como o corpo humano é formado por vários segmentos, entende-se que sua massa total é igual à soma da massa de todos esses segmentos. Como a força, o peso resultante desse corpo é igual à soma das forças-peso que atuam em cada um desses segmentos.

Os segmentos utilizados para os cálculos são: cabeça (1), pescoço e tronco (1), braços (2), antebraços (2), mãos (2), coxas (2), pernas (2) e pés (2). Cada um desses representa um percentual da massa corporal total.

Apesar de existirem variações individuais e de, por vezes, essas diferenças serem relativamente grandes, esses segmentos corporais recebem valores percentuais predeterminados, na intenção de viabilizar os cálculos.

Esses valores estão relacionados na Tabela 2.1.

Tabela 2.1 – Massas percentuais das partes do corpo humano

Partes do corpo	Percentual da massa total do corpo
Cabeça (cb)	6,9
Tronco e pescoço (tr)	46,1
Braço direito (bd)	3,3
Braço esquerdo (be)	3,3
Antebraço direito (ad)	2,1
Antebraço esquerdo (ae)	2,1
Mão direita (md)	0,85
Mão esquerda (me)	0,85
Coxa direita (cd)	10,75
Coxa esquerda (ce)	10,75
Perna direita (pd)	4,8
Perna esquerda (pe)	4,8
Pé direito (ed)	1,7
Pé esquerdo (ee)	1,7
Total do corpo	100

O próximo passo é determinar as coordenadas do CG. Para isso, deve-se determinar as coordenadas de X, Y e Z de cada um dos pontos citados na Tabela 2.1.

Para determinar a coordenada X do CG, deve-se multiplicar o valor da coordenada X de cada segmento corporal pelo percentual de massa (m) que esse segmento representa. Depois, soma-se todos esses produtos e dividi-se por 100 (representando a massa corporal total – 100%). Ou seja:

$$XCG = (xcb . mcp) + (xtr . mtr) + (xbd . mbd) + (xbe . mbe) + ... + (xee . mee)$$

$$100$$

Gráfico 2.1 – Coordenadas no eixo X.

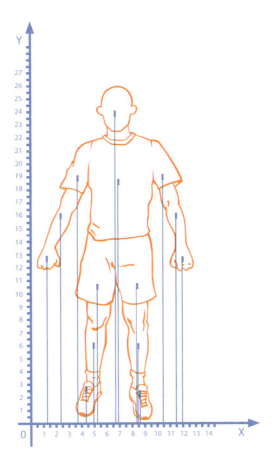

Conforme o exemplo:

$$X_{CG} = \frac{(6,7 \times 6,9) + (7,0 \times 46,1) + (3,8 \times 3,3) + (10,5 \times 3,3) + ... + (8,6 \times 1,7)}{100}$$

$X_{CG} = 693,49/100$
$X_{CG} = 6,94$

Observação: O X_{CG} necessariamente estará entre os valores extremos encontrados, ou seja, entre 1,4 e 12,1, sempre com a tendência a se aproximar do ponto no qual incidem os segmentos de maior valor percentual (tronco, coxas etc.).

Esse procedimento deverá ser utilizado para a determinação da coordenada Y do CG.

$$Y_{CG} = \frac{(ycb \cdot mcp) + (ytr \cdot mtr) + (ybd \cdot mbd) + (ybe \cdot mbe) + ... + (yee \cdot mee)}{100}$$

Gráfico 2.2 – Coordenadas no eixo Y.

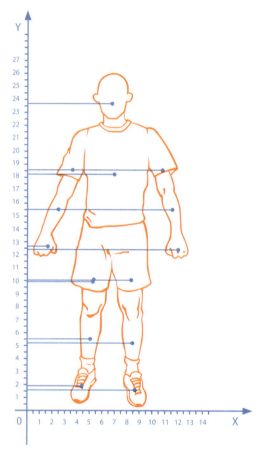

Conforme o exemplo:

$$Y_{CG} = \frac{(23,7 \times 6,9) + (18,1 \times 46,1) + (18,5 \times 3,3) + (18,5 \times 3,3) + ...+ (1,6 \times 1,7)}{100}$$

$Y_{CG} = 1.477,315/100$
$Y_{CG} = 14,77$

Observação: O Y_{CG} necessariamente estará entre os valores extremos encontrados, ou seja, entre 1,6 e 23,7, sempre com a tendência a se aproximar do ponto no qual incidem os segmentos de maior valor percentual (tronco, coxas etc.).

Esses dados são suficientes para a determinação do CG em análises bidimensionais, conforme se observa a seguir:

Gráfico 2.3 – Centro de gravidade bidimensional (X, Y).

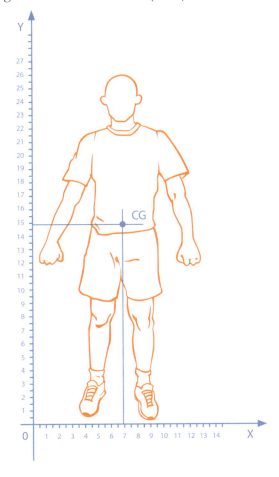

Para análises tridimensionais, é necessário determinar, também, a coordenada Z do CG.

$$Z_{CG} = (z_{cb} \cdot m_{cp}) + (z_{tr} \cdot m_{tr}) + (z_{bd} \cdot m_{bd}) + (z_{be} \cdot m_{be}) + ... + (z_{ee} \cdot m_{ee})$$

100

Gráfico 2.4 – Coordenadas do eixo Z.

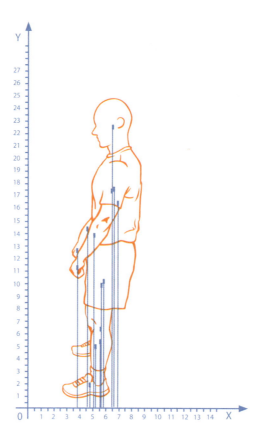

$$Z_{CG} = \frac{(6,5 \times 6,9) + (6,9 \times 46,1) + (6,5 \times 3,3) + (6,6 \times 3,3) + ... + (5,2 \times 1,7)}{100}$$

Conforme o exemplo:
$Z_{CG} = 625,05/100$
$Z_{CG} = 6,25$

Observação: O Z_{CG} necessariamente estará entre os valores extremos encontrados, ou seja, entre 3,8 e 6,9, sempre com a tendência a se aproximar do ponto no qual incidem os segmentos de maior valor percentual (tronco, coxas etc.).

Gráfico 2.5 – Centro de gravidade bidimensional (Y, Z).

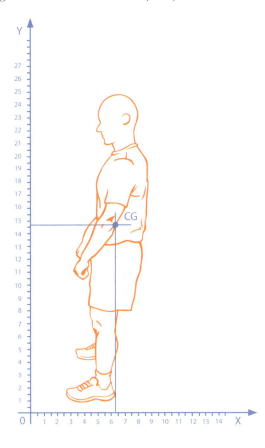

Para completar a análise tridimensional, os valores encontrados para o CG foram para X = 6,94, para Y = 14,77 e para Z = 6,25.

Dessa forma, a linha de gravidade que, na análise bidimensional, parecia incidir dentro da base de suporte (demonstrando um equilíbrio estável), quando se observa o valor de Z, na análise tridimensional, está no limite da base de suporte (demonstrando um equilíbrio instável).

3

SISTEMA ÓSSEO

Os ossos constituem a parte passiva do aparelho locomotor. O seu movimento ocorre em virtude da contração e do relaxamento dos músculos que neles se inserem. São estruturas dinâmicas vivas, providas de vasos sanguíneos, vasos linfáticos e nervos, cujo metabolismo influencia na sua função e, também, é influenciado por ela. Estão continuamente se formando e se remodelando, por causa das forças a que estão sujeitos. Podem alterar suas propriedades e suas configurações, pois o propósito dessa remodelação é manter a integridade mecânica do tecido.

Composição óssea

O *tecido ósseo* é um tecido conectivo especializado, composto por materiais orgânicos e inorgânicos e formado por matriz e células.

A *parte inorgânica* é formada por minerais, sendo os principais: *carbonato de cálcio*, *fosfato de cálcio* e *cristais de hidroxiapatita*, ao longo das fibras colágenas. São responsáveis pela rigidez e pela dureza do osso.

A *parte orgânica* contém o componente celular, as fibras da matriz extracelular e as substâncias de base produzidas pelas células. Formada por 95% de colágeno, é responsável pela flexibilidade e pela elasticidade do tecido ósseo.

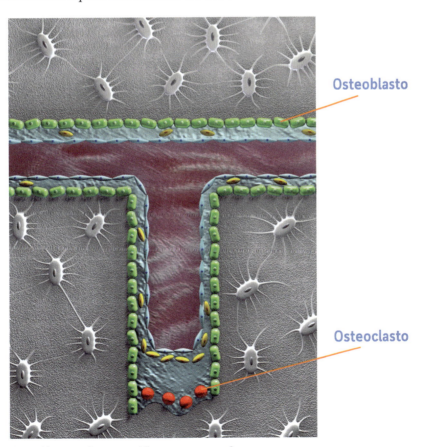

FIGURA 3.1 – Localização dos osteoblastos e osteoclastos.

O *componente celular* é constituído basicamente por *osteoblastos, osteoclastos* e *osteócitos*. Os *osteoblastos* são células jovens com núcleo grande e, claro, prolongamentos que formam canalículos, além de apresentarem grande quantidade de retículo endoplasmático rugoso e complexo de Golgi, pois são responsáveis pela síntese da parte orgânica da matriz óssea, localizada na superfície óssea. Os *osteócitos* são os osteoblastos quando envoltos totalmente pela matriz. Ocupam lacunas de onde partem canalículos, que são junções comunicantes. São responsáveis pela manutenção da matriz orgânica, e, por não serem sintetizadores ativos de matriz, apresentam pouca quantidade de retículo endoplasmático rugoso e de complexo de Golgi, e a cromatina é condensada. Os *osteoclastos* são células gigantes multinucleadas (entre 6 a 50 núcleos). Estão localizadas em depressões formadas por enzimas após digerirem o tecido ósseo, formando os sítios de reabsorção óssea. São originários de monócitos sanguíneos, fundidos pela membrana dos vasos. Apresentam muitos lisossomos, por serem responsáveis pela reabsorção desse tecido, permitindo que ocorra sua renovação. Secretam vários ácidos e enzimas que atacam a matriz e liberam cálcio.

O *cálcio* é um mineral fundamental na composição dos dentes e dos ossos. Ele compõe em torno de 70% dessas estruturas, o que lhes proporciona rigidez. É também essencial para a contração muscular, para a transmissão dos impulsos nervosos e para a coagulação do sangue.

A quase totalidade do cálcio do organismo encontra-se no tecido esquelético (99%), constituindo um depósito para preservar as funções vitais, ao passo que o restante se encontra presente tanto no fluido intracelular quanto no extracelular. O cálcio armazenado nos ossos pode ser mobilizado para manter os níveis no sangue e nos tecidos dentro dos limites fisiológicos.

Com o passar dos anos, os materiais orgânicos (matriz fibrosa, mucopolissacarídeos, líquido tissular, células, colágeno e água) diminuem gradativamente, o que torna os ossos mais rígidos e frágeis, fazendo que a cura de qualquer processo seja efetuada com maior dificuldade.

Classificação óssea

Os ossos podem ser classificados em relação à sua forma, no entanto, existem dificuldades em alguns casos, pois a forma aparente (externa) pode levar a acreditar que pertence a determinado tipo de osso, mas quando se observa sua estrutura (forma interna) ou seu processo de ossificação, aparenta ser outro. É o caso das costelas, que têm a forma alongada (osso longo), contudo, têm tecido esponjoso internamente e compacto na periferia, e seu processo de ossificação ocorre como nos ossos planos. Podem ser divididos em cinco formas:

- *Ossos longos*: têm uma de suas dimensões mais desenvolvida (comprimento) e forma cilíndrica alongada com extremidades alargadas. Distingui-se uma parte central, denominada *corpo* ou *diáfise*, e duas extremidades, chamadas *cabeças* ou *epífises*. Em geral, localizam-se nos membros, fornecem sustentação e atuam como alavancas (exemplo, o fêmur);
- *Ossos planos ou ossos chatos*: são aqueles em que predominam duas dimensões, apresentando o aspecto de uma lâmina. São formados por duas camadas de tecido compacto que envolvem a camada de tecido esponjoso e a medula óssea, interpostas. Têm área para inserção de músculos e protegem os órgãos que cobrem. A escápula e alguns ossos do crânio incluem-se nessa classificação.
- *Ossos curtos*: nenhuma das três dimensões prevalece. Em geral, são formados por tecido esponjoso, revestidos superficialmente por uma camada de tecido compacto. Os ossos do carpo e tarso são seus exemplos mais comuns. Suas principais funções são a difusão do impacto e o aumento na mobilidade das extremidades.
- *Ossos irregulares*: essa classificação é dada aos ossos em que não é possível traçar relações entre suas dimensões, como as vértebras e os ossos da base do crânio.
- *Ossos pneumáticos*: estão localizados na cabeça dos mamíferos. São caracterizados não pelo seu formato geométrico, mas, sim, por apresentar câmaras internas de ar. Essa característica tem a função de dar leveza à cabeça, ao mesmo tempo em que protege as estruturas internas das alterações de temperatura. Esses espaços preenchidos por ar são denominados *seios da face* (ou *seios paranasais*), pois esses ossos têm comunicação com o aparelho respiratório; são eles: *frontal*, *zigomático*, *nasal* e *maxilar*.

Podem ser caracterizados, ainda, outros dois tipos (ou subtipos) de ossos, em geral com aparência externa semelhante aos curtos: são os *ossos sesamoides*, encontrados dentro de tendões ou cápsulas articulares, usualmente imersos em um tecido fibroso (por exemplo, patela), e os *ossos supranumerários* ou *ossos acessórios*, que não aparecem habitualmente e podem ser detectados apenas por meio de radiografias (por exemplo, entre os ossos do crânio)

A Figura 3.2 ilustra a classificação óssea.

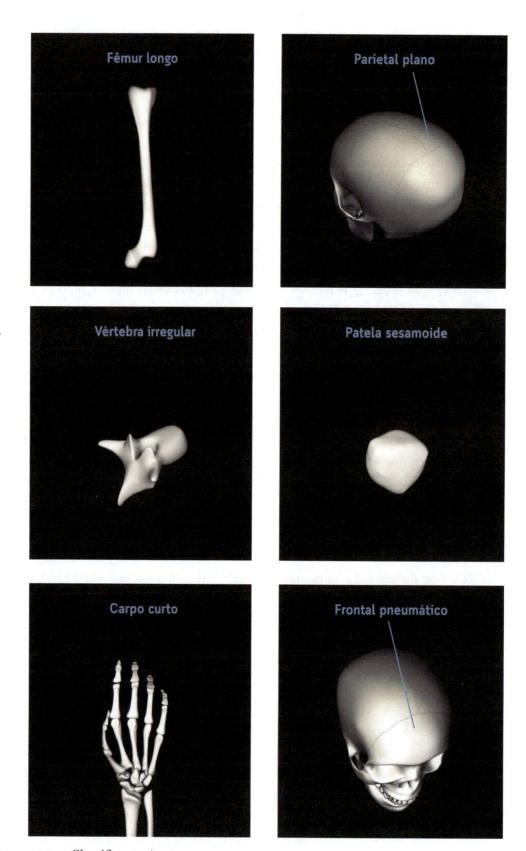

Figura 3.2 – Classificação óssea.

Ossos longos

Nas discussões de Biomecânica, os ossos que apresentam maior interesse são os *longos* (Figura 3.3), que, além de fornecerem sustentação, atuam como alavancas, permitindo que os movimentos ocorram. Esses ossos apresentam duas extremidades denominadas *epífises*, e unindo-as, encontramos a *diáfise* (corpo).

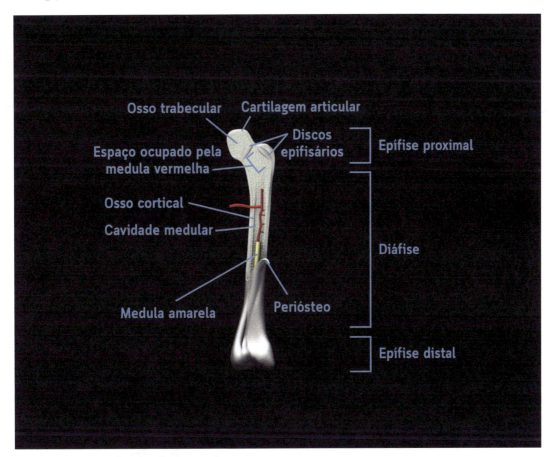

FIGURA 3.3 Classificação dos ossos longos

As *epífises* apresentam formato irregular e, em geral, com relevos típicos, frequentemente denominados *cabeça, côndilos, tubérculos, incisuras, fossas, trocânteres* ou *tuberosidades*, que servem de inserções ou "polias" para ligamentos e tendões. Elas são formadas pelo *osso trabecular* (esponjoso), recoberto pelo *osso cortical* (compacto). São especializadas em permitir encaixes firmes com os ossos vizinhos, determinando ou limitando o tipo de movimento possível nas articulações.

A *diáfise* tem formato cilíndrico e contém a cavidade medular, que é envolvida pelo osso compacto. Nessa cavidade, encontra-se a *medula óssea amarela*, ou a *vermelha*, e o *endósteo*.

Na criança, a *medula óssea vermelha* é encontrada na cavidade medular e nas epífises, região em que predomina a camada óssea esponjosa. É na medula óssea vermelha que ocorre a formação de células sanguíneas. Já no adulto, a medula óssea vermelha retrai-se da cavidade medular, permanecendo apenas nas epífises (no caso dos ossos longos), e a cavidade medular passa a ser preenchida por *medula óssea amarela*, que é formada basicamente por tecido adiposo, delimitado pela camada óssea (Figura 3.4).

O *endósteo* é uma lâmina fibrosa, derivada da camada osteogênica do periósteo, com células de formação e reabsorção óssea. Reveste a cavidade medular, os canais de Havers, os canais de Volkmann e recobre as trabéculas do osso esponjoso.

Periósteo é uma membrana fibrosa que reveste a superfície externa dos ossos (com exceção da face articular), extremamente vascularizada, apresentando duas camadas, uma externa, de fibras colágenas, e outra profunda (osteogênica). Adere-se ao osso por meio de pequenas raízes dentro deste e tem a função de nutrir e fazê-lo crescer em espessura. Para auxiliar nessa tarefa, tem furos ou forames, que servem de passagem a nervos e vasos.

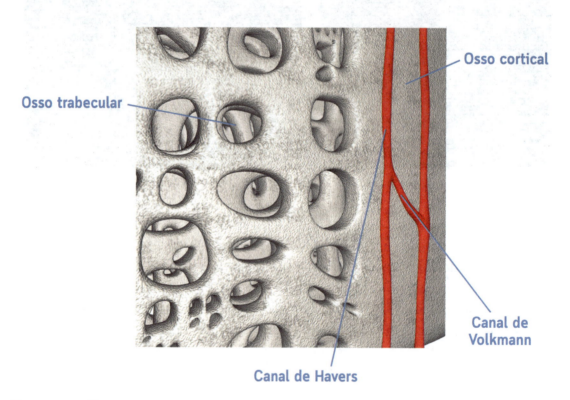

Figura 3.4 – Estruturas ósseas.

O *osso trabecular* (esponjoso) é formado por um conjunto de trabéculas (fazendo colunas), dispostas de maneira irregular, que dão a aparência de uma esponja. É encontrado nas epífises dos ossos longos e no interior dos ossos planos, irregulares, curtos, sesamoides e acessórios.

O *osso cortical* (compacto) é constituído de lamelas, que são as camadas concêntricas de matrizes mineralizadas, circundando um canal central, como se fossem canos dentro de outros canos. Esses espaços onde se localizam vasos e nervos (canais centrais) são denominados *canais de Havers*. Como a estrutura compacta do osso é formada por várias camadas de lamelas, umas sobre as outras, dando essa característica organizada ao osso cortical, existem vários canais de Havers um ao lado do outro.

Interligando os canais de Havers, existem outros canais perpendiculares a eles, chamados *canais de Volkmann*. Esse sistema constituído (por canais de Havers e canais de Volkmann) tem a função de irrigar e nutrir os osteócitos.

Microscopicamente, os ossos podem ser divididos em *lamelares* e *não lamelares*. O osso não lamelar é considerado imaturo, ao passo que o lamelar é um osso maduro. Nos embriões e nos recém-nascidos, predomina o osso não lamelar, mas, com o passar do tempo (após o 1º mês de vida), ele é substituído pelo osso lamelar.

Processo de formação e crescimento ósseo

O *mesênquima embrionário* estabelece os modelos, com formas semelhantes às dos ossos definitivos (Figura 3.5a). Por meio do processo de diferenciação dos tecidos, suas células transformam-se em osteoblastos e depositam na cartilagem uma matriz orgânica, o osteoide, para formar uma matriz óssea.

O depósito dos minerais acontece em pontos predefinidos e são chamados de *núcleos de ossificação*. Esses núcleos podem se formar em cartilagem ou em membranas fibrosas. Dessa forma, os processos de ossificação passam a se chamar, respectivamente, *endocondral* (característica nos ossos longos) e *intermembranosa* (característica nos ossos do crânio).

Nos ossos longos, inicialmente, é formado um núcleo de ossificação na porção média do modelo cartilagíneo, chamado *núcleo de ossificação primário* (Figura 3.5b). O núcleo ossifica-se em direção às extremidades, formando a *diáfise* (Figura 3.5c). Em seguida, enquanto a diáfise ainda está se formando, surgem dois novos núcleos nas extremidades, os *núcleos de ossificação secundários* (Figura 3.5c), caracterizando as epífises. Esse crescimento conjunto de diáfise e de epífises estabelece a presença de discos cartilaginosos entre elas (Figura 3.5d). Esses discos (também chamados de *metáfise*, de *cartilagem de conjugação*, de *cartilagem diafisária*, de *placas epifisárias* ou de *discos epifisários*) são responsáveis pelo crescimento dos ossos longos em comprimento e permanecem até que o indivíduo complete o seu desenvolvimento esquelético. Posteriormente, em certa etapa do desenvolvimento, esses discos são ossificados, formando a chamada *comissura diafisária*, que, por sua vez, será o osso maduro (Figura 3.5e).

Os núcleos de ossificação secundários não aparecem apenas nas epífises dos ossos longos, mas, também, em algumas tuberosidades de alguns ossos, como é o caso do fêmur, do quadril e do calcâneo. Essas regiões, as *apófises*, crescem e se ossificam da mesma maneira que as epífises. Antes da maturidade, as apófises permanecem separadas do restante do osso por uma placa muito semelhante, em estrutura e em função, da placa epifisária, denominada *placa apofisária*, que é responsável pelo crescimento das apófises.

As cartilagens de crescimento têm um tempo médio para ossificação (fechamento), que apresenta variação individual, bem como entre os ossos. Na maioria dos casos, isso ocorre entre 16 e 20 anos.

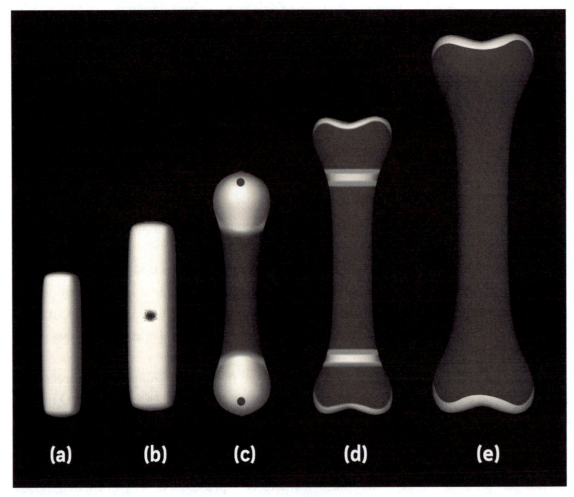

FIGURA 3.5 – Crescimento ósseo (fases a, b, c, d, e).

Já nos outros tipos de ossos (planos, curtos, irregulares e pneumáticos), em geral, a mineralização ocorre por meio de um único núcleo de ossificação, portanto, sem epífises ou diáfises. Nos ossos do crânio, por exemplo, a mineralização se dá de maneira radial, conforme mostrado na Figura 3.6.

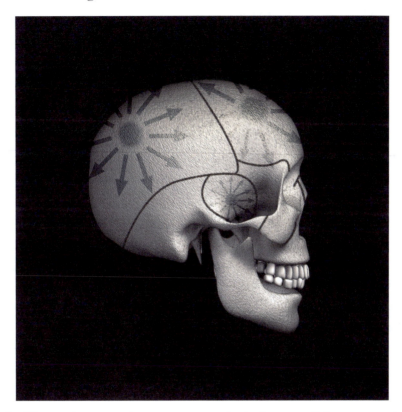

Figura 3.6 – Ossificação intramembranosa ocorrendo de forma radial nos ossos do crânio.

Sistema esquelético

Respeitando-se as variações individuais, o típico esqueleto humano adulto é composto por 206 ossos, sendo 126 no esqueleto apendicular (região periférica), 74 no axial (região central) e 6 ossículos no ouvido, somando algo em torno de 16% do peso corporal total. Além desses, existem, ainda, os supranumerários ou acessórios e os sesamoides, com exceção da patela, já computada.

Suas funções mecânicas são *proteção*, *sustentação* e *movimento corporal*.

Proteção é o cuidado com os órgãos nobres (coração, pulmões, encéfalo e medula espinhal), pois eles são suscetíveis a traumatismos. *Sustentação* é o fato de dar forma ao corpo, bem como estabilizar os órgãos em seus respectivos lugares. O *movimento* é alcançado por um sistema de alavancas, produzido, sobretudo, pelos ossos longos.

Suas funções fisiológicas são *reserva mineral* e *hematopoiese*.

Reserva mineral é o fato de os ossos funcionarem como depósitos de cálcio, de fosfato e de outros íons, armazenando-os ou liberando-os de maneira controlada, mantendo uma constante concentração desses íons nos líquidos corporais (líquido intersticial, sangue, linfa), além de alojar e proteger a medula óssea, que produz os glóbulos vermelhos do sangue, caracterizando a *hematopoiese*.

Tipos de cargas aplicadas ao osso

A mudança local de forma sob o efeito de forças aplicadas é conhecida como *deformação*. O modo de distinguir os tipos de força é observar a tendência em deformar o osso em que é aplicada. Arranjos específicos, resultantes das forças externas, produzem diferentes tipos de cargas.

As forças de *tração* (Figura 3.7*b*) e de *compressão* (Figura 3.7*c*) são forças *axiais*; as de *cisalhamento* ou *deslizamento* (Figura 3.7*d*) são *tangenciais*, e as de *flexão*, ou *envergamento* (Figura 3.7*e*), e as de *torção* (Figura 3.7*f*) estão relacionadas às ações de *torque*.

A *tração* é caracterizada por cargas iguais e opostas, aplicadas na direção externa da estrutura, e, sob essas cargas, a estrutura tende a alongar-se e estreitar-se. A *compressão* tem cargas iguais e opostas, aplicadas na direção interna da estrutura, e, sob essas cargas a tendência é que a estrutura se encurte e se alargue. Os *cisalhamentos* são representados pela aplicação de cargas paralelas à superfície da estrutura, contudo, a deformação dentro da estrutura se dá de forma tangencial. Na *flexão*, as cargas são aplicadas, causando o envergamento da estrutura em torno de um eixo, sujeitando o osso à combinação de cargas de tração e compressão. Na *torção*, a carga é aplicada, fazendo que a estrutura gire em torno do seu próprio eixo; dessa forma, um torque é produzido dentro da estrutura.

As cargas mecânicas incidem todo o tempo sobre os ossos. Em geral, essas cargas são "combinadas", ou seja, os ossos são constantemente submetidos a mais de um tipo de carga ao mesmo tempo.

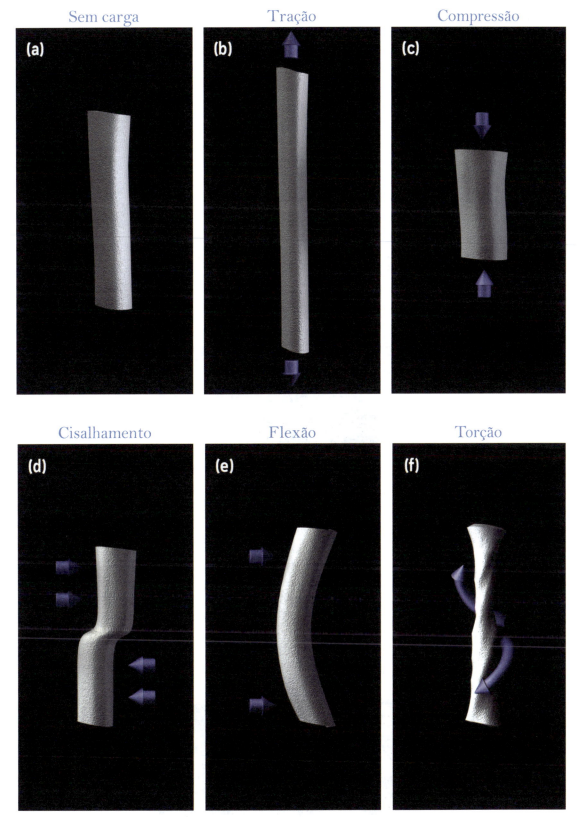

FIGURA 3.7 – Cargas mecânicas.

Segundo a priorização de carga, tem-se como exemplo:

- *Tração*: as forças aplicadas à ulna enquanto o indivíduo realiza o exercício barra fixa.

- *Compressão*: o que ocorre com a tíbia durante um exercício de agachamento.

- *Torção* (ou *rotação*): o que acontece com as vértebras durante o exercício rotação de coluna.

- *Flexão*: o que ocorre com o fêmur durante o exercício cadeira adutora.

- *Cisalhamento*: as forças que agem sobre o colo do fêmur durante o agachamento.

Remodelação óssea

A *remodelação óssea* é um processo contínuo que ocorre quando o tecido ósseo velho é destruído e reabsorvido por osteoclastos, formando pequenos buracos reparados por osteoblastos (células construtoras de tecido ósseo novo).

As forças externas que agem sobre o corpo impõem cargas mecânicas que afetam suas estruturas internas (deformação), e, para que o processo de remodelação óssea aconteça de forma satisfatória, é necessário que os indivíduos submetam seus ossos a essas mesmas forças.

Quanto maior a solicitação mecânica a que o osso é submetido, maior será o depósito de minerais, aumentando sua densidade mineral e tornando os ossos mais resistentes. Já o desuso, ou seja, a adoção de um estilo de vida hipocinético, faz que a solicitação mecânica sobre os ossos seja reduzida, sendo, nessas condições, comum que se observe uma redução em sua densidade mineral.

Um nível adequado de deformação é necessário para garantir o crescimento e o desenvolvimento normais. Entretanto, a deformação excessiva resulta em crescimento e desenvolvimento anormais e, também, em lesões.

Esse é o principal motivo pelo qual se indicam vários tipos de estímulos às estruturas corporais, para que elas possam aumentar sua resistência. Contudo, é preciso atenção para que esses estímulos não fiquem além das condições suportáveis ao indivíduo.

No início deste capítulo, quando citado que os ossos podem alterar suas propriedades e configurações, pois a intenção da remodelação é manter a integridade mecânica do tecido, percebe-se a ideia que representa a *Lei de Wolff*, na qual se afirma que os elementos ósseos são dispostos ou substituídos na direção das forças funcionais, aumentando ou diminuindo sua massa de acordo com o gradiente dessas mesmas forças funcionais. De uma maneira mais simples, o estresse mecânico aplicado a um osso causa mudanças na sua arquitetura, em que este, sendo curvo, tende a depositar mais minerais em seu lado côncavo, o que aumentará a reabsorção em seu lado convexo sempre que submetido a cargas compressivas (Figura 3.8). Esse efeito de remodelação óssea deve-se ao efeito piezoelétrico, que altera as cargas elétricas nos diferentes locais do osso.

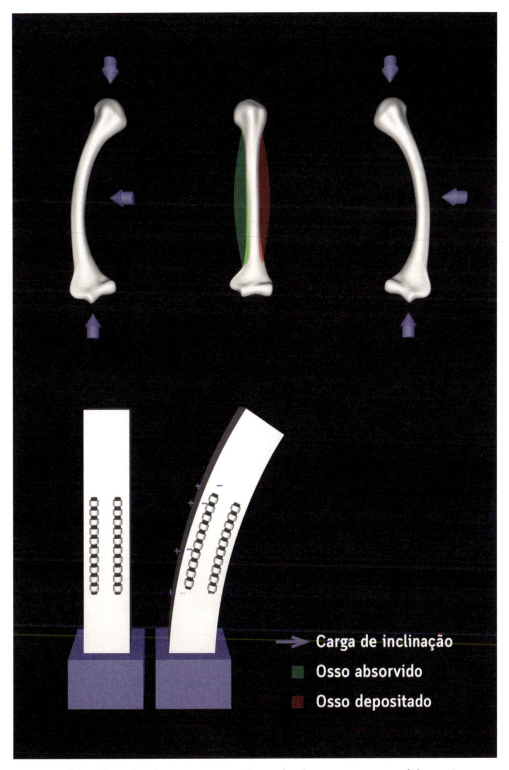

Figura 3.8 – Efeito piezoelétrico no osso, ocasionando alterações na remodelação óssea.

Ainda em associação com os conceitos de mecânica óssea, cita-se a *anisotropia*, que demonstra as diferenças da resistência do osso quando se aplicam cargas de compressão, de tração ou de cisalhamento (Gráfico 3.1).

Gráfico 3.1 – Comportamento do osso com diferentes aplicações da carga.

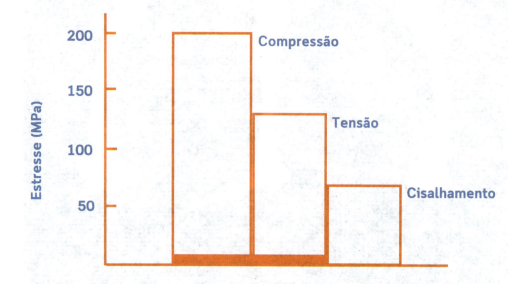

Fique por dentro

Osteopenia

Significa que a densidade do osso está mais baixa do que o normal.

Osteoporose

Uma redução na massa óssea por causa das perdas pequenas, porém crescentes, incidentes no *turnover* constante do osso. Uma condição bastante comum, observada mais amiúde nas pessoas idosas de ambos os sexos, contudo, mais pronunciada em mulheres no período pós-menopausa. Pode acontecer como um distúrbio primário de origem obscura ou como uma complicação secundária de uma grande variedade de doenças. A osteoporose provoca dor óssea por causa de microfraturas, perda de altura e instabilidade da coluna vertebral, e, em particular, predispõe a fraturas nos colos do fêmur, nos punhos e nas vértebras.

Osteogênese imperfeita

Trata-se de uma patologia, ou de um grupo de formas patológicas de natureza constitutiva, caracterizada pela fragilidade óssea. É caracterizada por um grupo de distúrbios genéticos intimamente relacionados e provocados pela síntese anormal, qualitativa ou quantitativa do colágeno do tipo I (cerca de 90% da matriz do osso).

Raquitismo e osteomalácia

O raquitismo nas crianças em desenvolvimento e a osteomalácia nos adultos são causados por deficiência de vitamina D ou depleção de fosfato, resultando em mineralização defeituosa da matriz. Na criança em crescimento, o esqueleto é fraco, com arqueamento das pernas (geno varo) e deformidades nas costelas, no crânio e em outros ossos. Nos adultos, após a cessação do crescimento ósseo, ela não produz deformidades esqueléticas.

Esporão do calcâneo

Formação óssea reativa em forma de esporão, localizada na face plantar do calcâneo, que acomete até 50% das pessoas portadoras de fascite plantar, que é uma inflamação da aponeurose plantar, estrutura fibrosa localizada na região plantar com um ponto de inserção no calcâneo.

4

SISTEMA ARTICULAR

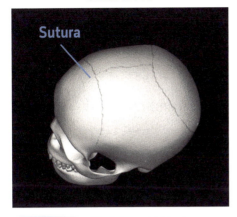

Sinartrose

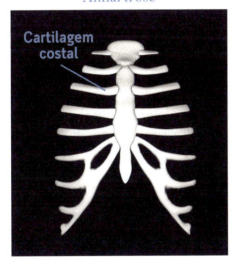

Anfiartrose

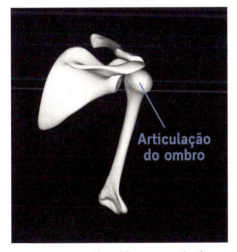

Diartrose

FIGURA 4.1 – Classificação articular segundo a característica estabilidade-flexibilidade.

Articulação é o conjunto de elementos, pelos quais ocorre a união de dois ou mais ossos ou cartilagens, móveis ou não, entre si. Também conhecidas como *junturas* ou *juntas*, podem apresentar estruturas e formas variadas para exercerem diferentes funções. O *sistema articular* refere-se a todas as articulações do corpo, tendo como função transmitir as forças de um osso ao outro, e, no caso das articulações móveis, facilitar o movimento entre os ossos. O típico esqueleto adulto, formado por 206 ossos, necessita de aproximadamente 320 articulações para uni-los.

As articulações de um sistema articular imaturo (até a adolescência) têm um grande número de articulações temporárias, que são ossificadas com a maturidade. Essas articulações temporárias estão relacionadas ao crescimento ósseo (*discos epifisários* ou *metáfises* e *discos apofisários*), conforme discutido no Capítulo 3. As articulações do sistema articular de um indivíduo adulto são consideradas permanentes, pois o acompanham por toda vida, entretanto, suas estruturas e suas funções podem ser alteradas com o passar dos anos.

Classificação

As articulações podem ser classificadas de várias formas. A primeira classificação adotada diz respeito à liberdade de movimento que a articulação permite, aqui denominada *estabilidade-flexibilidade* (Figura 4.1). A segunda é relacionada ao material interposto, aqui designada como *estrutura*. A terceira, por sua vez, ocorre com base na nomenclatura específica e nas características funcionais em comum, aqui nomeada de *tipo*.

Estabilidade-flexibilidade

Essa classificação relaciona a estabilidade e a flexibilidade. A estabilidade é a resistência da ligação entre os ossos, na qual a articulação é mais estável, ao passo que a flexibilidade refere-se ao grau de liberdade de movimento da articulação. Os três tipos são:

- *Sinartroses*: imóveis e, consequentemente, muito estáveis, por apresentarem a união direta entre as superfícies articulares dos ossos; no entanto, isso implica que sua flexibilidade seja nula.
- *Anfiartroses*: ligeiramente móveis, o que faz que sua estabilidade seja um pouco reduzida, apresentando leves movimentos, sem anular a flexibilidade (mesmo assim, próxima de zero).
- *Diartroses*: amplamente móveis, fazendo que, dessa forma, sua estabilidade fique bastante reduzida em relação às demais. É nesse tipo que encontramos as articulações sinoviais (as que apresentam os movimentos em grande amplitude).

Quadro 4.1 – Classificação quanto às características articulares

Estabilidade – Flexibilidade	Estrutura	Tipo	Exemplo
Sinartroses	Fibrosa	Sindesmose sutural	Sutura interparietal nos ossos do crânio
Anfiartroses	Fibrosa/ ligamentosa	Sindesmose membranosa	Membrana interóssea entre o rádio e a ulna
	Cartilaginosa	Sincondrose	Temporária: disco epifisário. Permanente: articulação esterno-costal.
	Fibrocartilaginosa	Sínfise	Sínfise púbica ou disco intervertebral
Diartroses	Sinovial	Sinovial	Articulação glenoumeral (ombro)

Estrutura das articulações

De acordo com a estrutura, as articulações podem ser classificadas em *fibrosas*, *fibrocartilaginosas* e *sinoviais*.

As *fibrosas* são aquelas em que os ossos se unem por meio do tecido conjuntivo fibroso, fazendo que essas articulações raramente tenham algum tipo de movimento.

As *fibrocartilaginosas* apresentam como material interposto o tecido fibroso, o ligamentoso ou o fibrocartilaginoso, e, em razão desse material, são consideradas ligeiramente móveis.

Por fim, as que apresentam o maior interesse para o estudo do movimento humano: as *sinoviais* (*sin*: com; *vial*: cavidade). São as únicas que apresentam cavidade articular, são amplamente móveis e, em consequência, as mais complexas. Elas representam cerca de 80% das articulações de um esqueleto adulto e quase 100% das articulações dos membros superiores e inferiores. Suas estruturas típicas estão relacionadas a seguir (Figura 4.2):

66 | Biomecânica aplicada

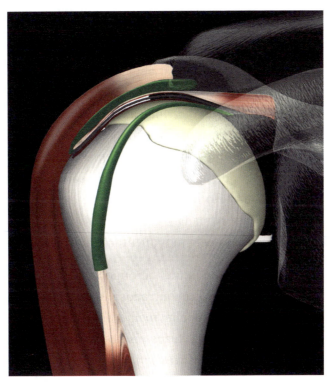

Figura 4.2 – Articulação sinovial.

- *Cápsula articular*: formada por tecido conectivo fibroso branco, composto principalmente de colágeno, une os ossos. Encerra a articulação em um envoltório resistente, formando a cavidade articular, na qual as estruturas típicas de uma articulação sinovial são encontradas. A cápsula articular é formada por duas camadas, uma externa (membrana fibrosa ou membrana de revestimento) e outra interna (membrana sinovial).
- *Membrana fibrosa (ligamentosa)*: é uma das responsáveis pela estabilidade da articulação, onde podem ser encontrados espessamentos dos seus feixes de colágeno. Os espessamentos excêntricos são denominados *ligamentos extracapsulares*, ao passo que os concêntricos, por estarem localizados no interior da cápsula, são chamados de *ligamentos intracapsulares*. Ambos reforçam a estrutura, aumentando a estabilidade articular e a resistência mecânica dos tecidos.
- *Membrana sinovial*: é um tecido conectivo vascularizado frouxo que reveste a cavidade formada pela cápsula articular. É responsável pela produção do líquido sinovial, bem como pela sua reabsorção.
- *Bursa*: é uma glândula, anexa à cápsula articular, com a característica de uma bolsa serosa que se encontra em diversas articulações do corpo, inclusive no ombro. Localiza-se entre os ossos e outras estruturas móveis, como músculos, pele ou tendões. Sua função principal é permitir um melhor deslizamento entre essas estruturas.

- *Cartilagem articular (hialina)*: recobre as faces articulares dos ossos que compõem uma articulação. É um tecido conectivo firme, com espessura entre 1 e 7 mm, variando de acordo com o estresse sofrido pelas estruturas e suas incongruências, ou seja, quanto maior a área de distribuição de forças, menor será a espessura da cartilagem (como no caso do tornozelo, que tem grande área de contato), e quanto menor for a área de distribuição de forças, maior será a espessura da cartilagem (como no caso da articulação do joelho, ou no contato patelofemoral). Não é vascularizada, o que dificulta qualquer processo de regeneração. É formada por 60% a 80% de água e uma matriz sólida composta, sobretudo, de colágeno, sendo nutrida pelo líquido encontrado dentro da articulação (líquido sinovial). A função dessa camada é reduzir o estresse de contato, bem como o atrito e o desgaste causado pela movimentação entre os ossos.

Em algumas articulações (tibiofemoral, acromioclavicular, temporomandibular, esternoclavicular e radioulnar distal), são encontrados interpostos *discos fibrosos* ou *fibrocartilaginosos*, que se conectam à cápsula articular, melhoram a morfologia articular (ajuste das superfícies), ajudam a absorver o impacto (transmissão de cargas adicionais) e possibilitam movimentos mais estáveis entre as superfícies articulares. Além disso, auxiliam na difusão do líquido sinovial dentro da cavidade articular (lubrificação articular). Dependendo da sua forma, são chamados de *meniscos*, *discos intra-articulares* ou *labros* (*orlas fibrosas*).

O *líquido sinovial*, ou *sinóvia*, tem consistência semelhante à da clara de ovo e diminui sua viscosidade com o aumento da frequência de movimentos, reduzindo, por conseguinte, o atrito entre as estruturas articulares. Lubrifica as superfícies articulares, nutrindo a cartilagem hialina, encontrada nessa região não vascularizada.

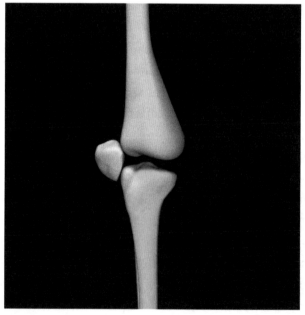

Figura 4.3 – Articulação sinovial.

Tipos de articulação

É o nome técnico dado a uma articulação, com base na característica do seu material interposto, conforme o Quadro 4.1.

Articulações sinoviais

Em virtude da relevância das articulações sinoviais, para a análise e o entendimento do movimento humano, será dado maior peso às suas características e às suas funções.

Esse tipo de articulação permite que os movimentos corporais de maior amplitude ocorram segundo os padrões normalmente encontrados nos seres humanos. Suas características morfofuncionais fornecem liberdade ou limitação aos movimentos corporais.

Como se sabe, as características individuais (individualidade biológica) interferem na postura adotada pelo sujeito, e, também, no padrão e na liberdade de movimentos. Essas propriedades estão associadas às experiências motoras, ao nível de treinabilidade e aos aspectos biopsicossociais.

Ao observar as características morfofuncionais, percebe-se que todas as articulações sinoviais têm pelo menos uma superfície articular macho e uma fêmea. Essas superfícies permanecem totalmente coabitadas apenas em uma posição, na qual se diz que a articulação está "travada" ou em "posição de bloqueio", que é o momento em que os ligamentos tendem a ficar tensionados. Em todas as outras posições, os ligamentos apresentam alguma "frouxidão", e diz-se que as articulações estão em "posição frouxa", aumentando sua dependência dos músculos para manter a estabilidade. Os músculos inserem-se nos ossos por meio de tendões ou aponeuroses que cruzam as articulações, e, para que os movimentos possam ocorrer, a contração muscular traciona os ossos entre si, desenvolvendo, dessa forma, a estabilidade articular.

Vários outros fatores colaboram para essa estabilidade e, consequentemente, integridade das articulações sinoviais. A morfologia das superfícies articulares, por exemplo, desempenha grande papel: no caso da cabeça do fêmur dentro da fossa do acetábulo, representa grande estabilidade; já os côndilos do fêmur no platô tibial não se apresentam da mesma forma. A pressão ligeiramente negativa dentro da cavidade articular traciona os ossos, agindo como um inibidor na relação "tração-luxação". Os ligamentos colaboram muito para a estabilidade, não só quando a articulação está "travada", mas, também, nas posições de limite em sua amplitude. A cápsula articular tem papel fundamental nesse processo, pois, além de auxiliar na estabilidade, contém o líquido sinovial no interior da cavidade articular. O líquido sinovial, juntamente com a cartilagem hialina, capaz de recobrir a superfície articular dos ossos que compõem a articulação, colabora no processo, diminuindo a agressão às estruturas, quando impactadas, ou pela diminuição do atrito durante os movimentos.

Classificação das articulações sinoviais

Existem duas classificações características nesse tipo de articulação, uma quanto à forma, que relaciona o formato de uma ou todas estruturas ósseas que compõem a articulação (Figura 4.4), e outra quanto ao número de eixos, na qual a nomenclatura é dada pela liberdade de movimentos articulares relacionados ao número de eixos em que estes podem ocorrer.

- **Quanto à forma**
  - *Planas*: as superfícies articulares ósseas são quase planas, permitindo apenas movimentos de deslizamento, que não ocorrem em torno de eixos. Por exemplo, a articulação formada entre os ossos do carpo.
  - *Gínglimo (dobradiça)*: nesse tipo de articulação, encontra-se uma extremidade óssea com a forma côncava e a outra com a forma convexa. Além disso, em geral, lateralmente a esse tipo de articulação, encontram-se fortes ligamentos (colaterais) que evitam movimentos indesejados, fazendo que apenas movimentos de flexão e extensão possam ocorrer (um eixo de movimento). Por exemplo, a articulação do cotovelo.
  - *Trocoide*: também denominada *pivô*, em razão da maneira como os ossos se movem, apenas rotação em torno do maior eixo da estrutura óssea são permitidos (um eixo de movimento). Por exemplo, a articulação radioulnar proximal.
  - *Elipsoide (condilar)*: a superfície articular de uma extremidade óssea tem formato ovoide (côndilos) e a superfície da outra tem forma côncava, permite os movimentos em dois eixos, transversal e sagital (flexão; extensão, adução e abdução) ou transversal e longitudinal (flexão; extensão, rotação interna e externa). Em ambos os casos, os movimentos de flexão e de extensão têm amplitude significativamente maior. Por exemplo, a articulação do joelho.
  - *Selar*: as extremidades ósseas que compõem esse tipo de articulação têm o formato de uma sela de cavalo. Sua possibilidade de movimentos é igual à de uma articulação elipsoide (movimentos possíveis em torno de dois eixos), mas com a liberdade de movimento aumentada. Por exemplo, a articulação carpometacarpiana do polegar.
  - *Esferoide*: também conhecida como articulação *bola e soquete*. Nesse tipo, encontra-se a superfície articular de um dos ossos com o formato de uma esfera, ao passo que a dos outros ossos tem o formato de uma fossa ou cavidade, o que faz que esse tipo de articulação seja a que permite a maior quantidade de movimentos diferentes (movimentos em torno dos três eixos). Por exemplo, a articulação do ombro.

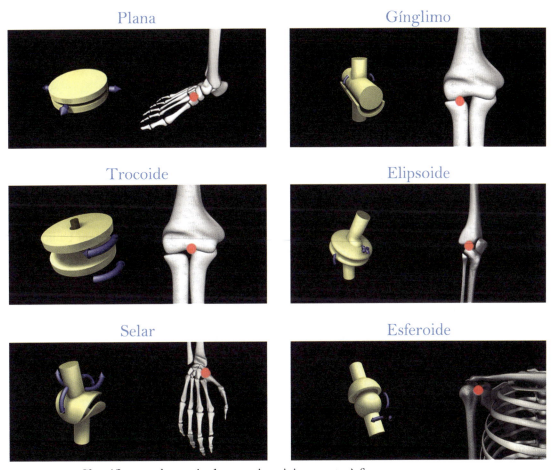

FIGURA 4.4 – Classificação das articulações sinoviais quanto à forma.

- **Quanto ao número de eixos**
  - *Anaxiais*: articulações que não permitem movimentos ao redor de eixos, mas apenas movimentos de deslizamento. Por exemplo, a articulação intercarpiana.
  - *Monoaxiais (uniaxiais)*: permitem movimentos apenas ao redor de um eixo. Nesses casos, o eixo mais comum é o transversal, com movimentos de flexão e extensão (por exemplo, cotovelo), mas também existe a possibilidade do eixo longitudinal com movimentos rotacionais (por exemplo, radioulnar proximal).
  - *Biaxiais*: articulações que permitem movimentos ao redor de dois eixos. Nesses casos, os movimentos são de flexão, de extensão, de adução e de abdução, ou seja, em torno dos eixos transversal e frontal (por exemplo, articulação do punho) ou os movimentos de flexão, de extensão, de rotação interna e externa, isto é, dos eixos transversal e longitudinal (por exemplo, articulação do joelho).
  - *Triaxiais*: articulações que permitem movimentos ao redor dos três eixos. Nesses casos, os movimentos são de flexão, de extensão, de adução, de abdução, de rotação interna e externa, ou seja, em torno dos eixos transversal, sagital e longitudinal. Por exemplo, articulação do ombro.

Dessa forma, resumindo as informações citadas, segue o Quadro 4.2:

Quadro 4.2 – Classificação das classificações sinoviais quanto à forma e ao número de eixos

Articulação	Forma	Número de eixos
Intercárpica	Plana	Anaxial
Intertársica		
Intervertebral		
Escapulocostal		
Interfalangíneas	Gínglimo	Monoaxial ou Uniaxial
Umerorradioulnar (cotovelo)		
Tibiofibulotalar (tornozelo)		
Radioulnar proximal	Trocoide	
Atlanto-occipital		
Radioulnar cárpica (punho)	Elipsoide/Condiloide	Biaxial
Tibiofemoral (joelho)		
Metacarpofalangeana		
Metatarsofalangeana		
Carpometacárpica (polegar)	Selar	
Coxofemoral (quadril)	Esferoide	Triaxial
Glenoumeral (ombro)		

Movimentos articulares axiais

Conforme a classificação das articulações quanto ao número de eixos, podemos observar que os movimentos permitidos em uma articulação sinovial seguem critérios específicos, ou seja, quando esses movimentos acontecem em torno de eixos (considerados *axiais*), utilizam em seu conceito os respectivos planos e eixos em que ocorrem. Além disso, esses conceitos adotam como referência a posição anatômica, isto é, movimentos que partem ou que retornam a tal posição.

O termo *hiperextensão* pode ser utilizado para caracterizar um movimento que ultrapasse a posição anatômica, como ao realizar o movimento de extensão de ombros além da posição anatômica – chamado de *hiperextensão do ombro* (Hall, 2016; Hamil e Knutzen, 2012; Kendall et al., 2007) – ou para os casos de mobilidade excessiva, por exemplo, quando o joelho ultrapassa o alinhamento natural entre a articulação do quadril e do tornozelo – chamado de *geno recurvado* ou *hiperextensão do joelho* (Charro et al., 2010; Kendall et al., 2007; Verderi, 2005).

Neste livro, foi considerada a segunda opção como critério de abordagem, portanto, o movimento sempre será referido com a mesma denominação, com base na flexibilidade dessa articulação, não considerando hiper para movimentos em amplitudes consideradas normais para a articulação.

A seguir, o conceito dos movimentos articulares axiais, que ocorrem em articulações sinoviais.

- *Flexão*: movimento realizado (partindo da posição anatômica) sobre o plano sagital e em torno do eixo transversal, caracterizado pelo aspecto de aproximação, no qual o ângulo interno relativo entre dois segmentos adjacentes diminui. Em algumas articulações, para qualquer dos lados que o movimento seja realizado, esse conceito se encaixa (por exemplo, a articulação do quadril ou do ombro). Para resolver esse problema, sugere-se observar que, partindo da posição anatômica, o lado que o movimento tiver a maior amplitude é a flexão, desde que ocorra no plano sagital e no eixo transversal. No tornozelo, esse movimento é chamado de *dorsiflexão*.

- *Extensão*: movimento realizado (retornando à posição anatômica e, por vezes, ultrapassando esta, dando continuidade ao movimento; exemplos: articulação do quadril, do ombro e do punho) sobre o plano sagital e em torno do eixo transversal, caracterizado pelo aspecto de afastamento, no qual o ângulo interno relativo entre dois segmentos adjacentes aumenta. Em algumas articulações, para qualquer um dos lados que o movimento seja realizado, esse conceito confirma-se (por exemplo, articulação do quadril, do ombro ou do punho). Para resolver esse problema, sugere-se observar que, partindo da posição anatômica, o lado que o movimento tiver a menor amplitude é a extensão, desde que ocorra no plano sagital e no eixo transversal. No tornozelo, esse movimento é chamado de *flexão plantar*.

- *Abdução*: movimento realizado sobre o plano frontal e em torno do eixo sagital, caracterizado pelo aspecto de afastamento, no qual o segmento corporal (partindo da posição anatômica) se distancia da linha mediana do corpo, e este será considerado enquanto o movimento ocorrer. Mesmo entendendo que, após os 90° de amplitude na articulação do ombro, o segmento corporal começará a se aproximar da linha mediana. Na articulação do punho, também pode ser chamada de *flexão radial* ou *desvio radial*.

- *Adução*: movimento realizado sobre o plano frontal e em torno do eixo sagital, no qual o segmento corporal se aproxima da linha mediana do corpo, e este será considerado enquanto o movimento ocorrer. Mesmo entendendo que, após retornar à posição anatômica, as articulações podem cruzar esta linha mediana e começar a se afastar dela. Na articulação do punho, também pode ser chamada de *flexão ulnar* ou *desvio ulnar*.

- *Rotação interna (ou medial)*: movimento realizado sobre o plano horizontal e em torno do eixo longitudinal, no qual o segmento corporal gira em torno do seu maior eixo, voltando sua face anterior para a linha média (medialmente) do corpo.
- *Rotação externa (ou lateral)*: movimento realizado sobre o plano horizontal e em torno do eixo longitudinal, no qual o segmento corporal gira em torno do seu maior eixo, voltando sua face anterior para o lado oposto ao da linha média (lateralmente) do corpo.

Movimentos articulares axiais: termos especializados

Alguns movimentos articulares que acontecem nas articulações axiais recebem denominações especializadas:

- *Flexão horizontal ou adução horizontal*: movimento intermediário que ocorre entre a flexão e a adução, sobre o plano horizontal e em torno do eixo longitudinal, podendo acontecer nas articulações de ombros e de quadris, quando o segmento, ao estar na posição horizontal, movimenta-se anteriormente.
- *Extensão horizontal ou abdução horizontal*: movimento intermediário que ocorre entre a extensão e a abdução, sobre o plano horizontal e em torno do eixo longitudinal, podendo acontecer nas articulações de ombros e de quadris, quando o segmento, ao estar na posição horizontal, movimenta-se posteriormente.
- *Pronação*: movimento que acontece na articulação radioulnar proximal que, mesmo sendo muito semelhante ao movimento de rotação medial, tem esse nome por ter mais uma característica, que é a sobreposição do rádio à ulna.
- *Supinação*: movimento que acontece na articulação radioulnar proximal que, mesmo sendo muito semelhante ao movimento de rotação lateral, tem esse nome por ter mais uma característica, que é o retorno do rádio à posição anatômica, após uma pronação.
- *Circundução*: não caracteriza um movimento articular, mas, sim, um somatório de movimentos em torno de uma articulação que seja biaxial ou triaxial, ou, ainda, o somatório de movimentos entre duas ou mais articulações.

Movimentos articulares anaxiais: deslizamentos

Quanto às articulações anaxiais, os movimentos não ocorrem em torno de eixo, mas, sim, por deslizamentos. Em algumas articulações, esses movimentos de deslizamentos não recebem nomes específicos, como é o caso das articulações intercarpianas, entretanto, em outras sim, como se pode observar a seguir.

- *Elevação (escapulocostal)*: quando a(s) escápula(s) desliza(m) superiormente em direção ao crânio. Em geral, esse movimento está pareado com os movimentos de flexão da articulação dos ombros.
- *Depressão (escapulocostal)*: quando as escápulas deslizam inferiormente, após uma elevação, retornando à posição anatômica. Esse movimento normalmente está pareado com os de extensão da articulação de ombros;
- *Protração ou abdução (escapulocostal)*: deslizamento das escápulas, de forma que estas se afastam da linha mediana sobre o plano frontal, motivo pelo qual pode ser chamada de abdução, contudo, o termo mais adequado é *protração*, pelo fato de o movimento não ter eixo (anaxial), e, se não ocorre em torno do eixo sagital, não deveria ser chamado de abdução, pois essa denominação define os movimentos que acontecem sobre o plano frontal e em torno do eixo anteroposterior.
- *Retração ou adução (escapulocostal)*: deslizamento das escápulas, de forma que estas se aproximem da linha mediana sobre o plano frontal, motivo pelo qual pode ser chamada de adução, mas o termo mais adequeado é *retração*, pelo fato de o movimento não ter eixo (anaxial), e, se não ocorre em torno do eixo sagital, não deveria ser chamado de adução, pois essa denominação engloba os movimentos que acontecem sobre o plano frontal e em torno do eixo anteroposterior.
- *Rotação superior (escapulocostal)*: movimento de deslizamento intermediário entre a elevação e a abdução, quando o ângulo inferior da escápula se desloca superolateralmente.
- *Rotação inferior (escapulocostal)*: movimento de deslizamento intermediário entre a depressão e a adução, quando o ângulo inferior da escápula se desloca inferomedialmente.
- *Inclinação anterior (escapulocostal)*: movimento no qual o processo coracoide se desloca no sentido anterior e inferior e o ângulo inferior da escápula no sentido posterior e superior.
- *Inclinação posterior (escapulocostal)*: é o retorno à posição ortostática, depois de adotada a posição de inclinação anterior.
- *Inversão (intertársica)*: deslizamentos entre os ossos do tarso que permitem que a planta dos pés se direcione medialmente.
- *Eversão (intertársica)*: deslizamentos entre os ossos do tarso que permitem que a planta dos pés se direcione lateralmente.
- *Flexão (intervertebrais)*: deslizamentos nos processos articulares (superiores e inferiores) entre as vértebras, de forma que a mandíbula se aproxime do esterno (na região cervical) ou o processo xifoide, da sínfise púbica (na região toracolombar). São articulações sinoviais planas (além das sínfises – discos intervertebrais).

Embora o movimento aconteça sobre o plano sagital, essas articulações não permitem que o movimento ocorra em torno do eixo transversal, o que faz que a nomenclatura não seja perfeitamente adequada.

- *Extensão (intervertebrais)*: deslizamentos nos processos articulares (superiores e inferiores) entre as vértebras, de forma que a mandíbula se afaste do esterno (na região cervical) ou o processo xifoide, da sínfise púbica (na região toraco-lombar), enquanto o movimento ocorrer (mesmo que este ultrapasse a posição anatômica). São articulações sinoviais planas (além das sínfises – discos intervertebrais). Embora o movimento aconteça sobre o plano sagital, essas articulações não permitem que ele ocorra em torno do eixo transversal, o que faz que a nomenclatura não seja perfeitamente adequada.

- *Inclinação lateral ou flexão lateral (intervertebrais)*: deslizamentos nos processos articulares (superiores e inferiores) entre as vértebras, de forma que a região temporal se aproxime do ombro (na região cervical), ou o ombro, do quadril (na região toracolombar). O movimento ocorre no plano frontal, mas por serem articulações sinoviais planas (anaxiais), ele não ocorre em torno do eixo transversal. Essa movimentação pode acontecer para a direita e para a esquerda.

- *Rotação (intervertebrais)*: é o movimento no qual a coluna vertebral gira em torno de seu maior eixo. Por esse motivo, nesta região não se denomina rotação medial e lateral (pois ambas seriam laterais), mas sim para a direita e para a esquerda, onde será considerada rotação para a direita quando a região anterior do tronco direcionar-se para a direita, e rotação para a esquerda quando a parte anterior do tronco encaminhar-se para esse lado.

Biomecânica musculoarticular

A discussão dos movimentos que podem ocorrer em uma articulação tem como foco entendê-los, para então relacioná-los com os músculos responsáveis pelo trabalho. Existem músculos específicos que são responsáveis por cada movimento nas articulações, ou por evitar que movimentos aconteçam. Com base nesses conhecimentos, somados aos adquiridos no Capítulo 2, foi possível realizar boa parte das análises biomecânicas dos exercícios.

A seguir, em relação às principais articulações solicitadas nos treinamentos de musculação, serão caracterizados os ossos e as articulações envolvidas, os movimentos articulares e os músculos motores primários (agonistas) para cada um.

Cintura escapular

Ossos envolvidos	Articulações envolvidas
Escápulas	Acromioclavicular
Clavículas	Esternoclavicular
Costelas	Escapulotorácica ou escapulocostal
Esterno	

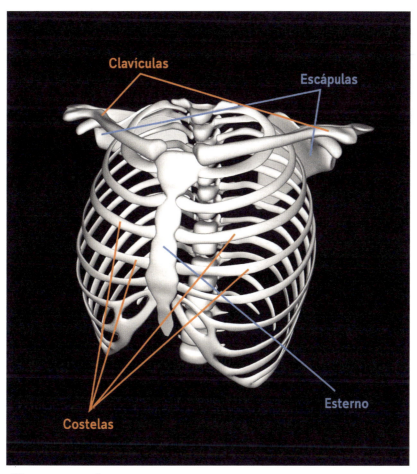

FIGURA 4.5 – Cintura escapular.

Músculos	A Adução	B Abdução	C Elevação	D Depressão	E Rotação para cima	F Rotação para baixo
Peitoral menor		X		X		X
Serrátil anterior		X			X	
Trapézio (descendente)	X		X			
Trapézio (transverso)	X				X	
Trapézio (ascendente)	X			X	X	
Elevador das escápulas	X		X			
Romboides (maior e menor)	X		X			X

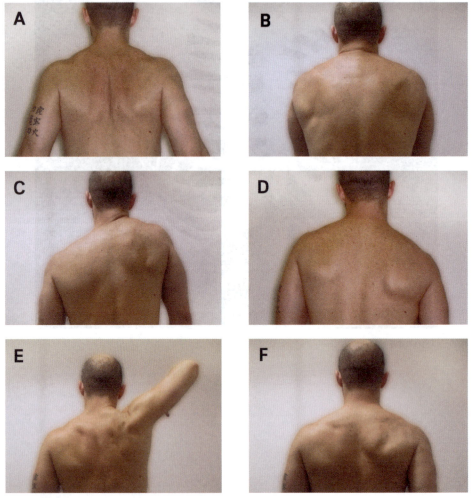

FIGURA 4.6 – Movimentos articulares.

78 | Biomecânica aplicada

Ombro

Ossos envolvidos	Articulações envolvidas
Escápulas	Glenoumeral (ombro)
Clavículas	
Úmero	

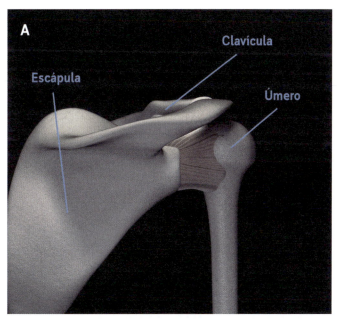

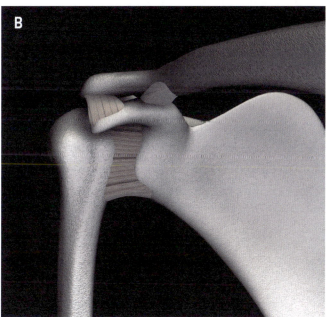

Figura 4.7 – Ombro.

Músculos	A Flexão	B Extensão	C Adução	D Abdução	E Adução horizontal	F Abdução horizontal	G Rotação interna	H Rotação externa
Deltoide anterior	X			X	X		X	
Deltoide médio				X				
Deltoide posterior		X				X		X
Latíssimo do dorso		X	X			X	X	
Redondo maior		X	X			X	X	
Redondo menor		X				X		X
Infraespinhal		X				X		X
Peitoral maior	X	X	X	X	X		X	
Coracobraquial	X		X		X			
Subescapular		X	X				X	
Supraespinhal				X				X
Bíceps cabeça longa				X				
Bíceps cabeça curta	X		X		X		X	
Tríceps cabeça longa		X	X					

Pareamento entre os movimentos: ombro e cintura escapular

O pareamento dos movimentos ocorre porque algumas articulações dependem do movimento de outras articulações. Os movimentos acontecem conjuntamente entre as articulações escapulotorácica e escapuloumeral, seguindo, em geral, a lógica exibida a seguir. Contudo, isso não é regra. Por vezes, dependendo da posição de uma das articulações, a outra pode não seguir esse pareamento proposto.

Ombros	Escápulas
Abdução	Rotação para cima
Adução	Rotação para baixo
Flexão	Elevação
Extensão	Depressão
Rotação interna	Abdução
Rotação externa	Adução
Abdução horizontal	Adução
Adução horizontal	Abdução

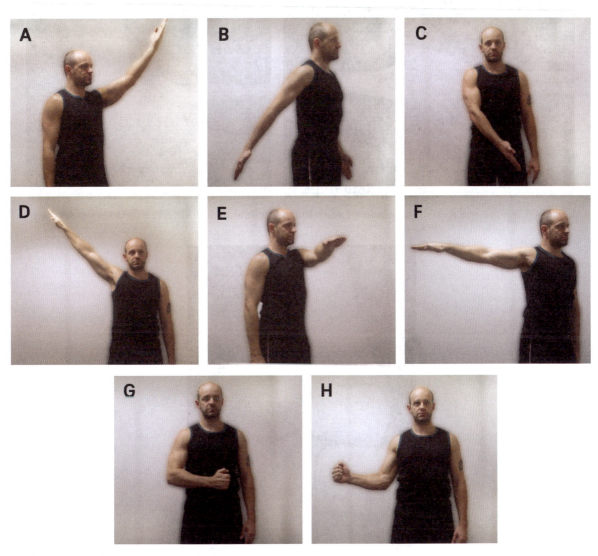

FIGURA 4.8 – Movimentos articulares.

Cotovelo e radioulnar proximal

Ossos envolvidos	Articulações envolvidas
Úmero	Cotovelo
Rádio	Radioulnar proximal
Ulna	

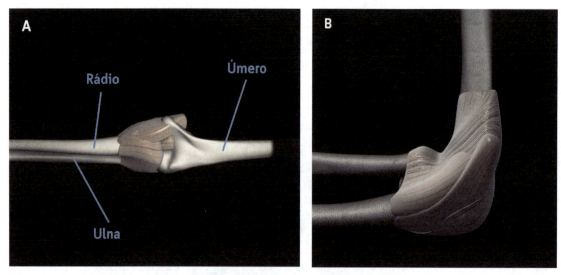

FIGURA 4.9 – Articulação do cotovelo e radioulnar proximal estendida (A) e fletida (B).

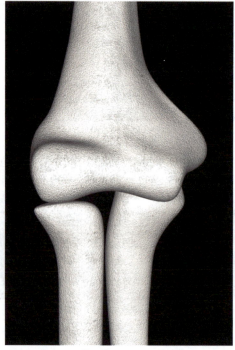

FIGURA 4.10 – Estrutura do cotovelo e radioulnar proximal.

Músculos	A Flexão	B Extensão	C Supinação	D Pronação
Bíceps braquial	X		X	
Braquiorradial	X		X	X
Braquial anterior	X			
Ancôneo		X		X
Supinador			X	
Pronador redondo	X			X
Pronador quadrado				X
Tríceps braquial		X		
Flexor radial do carpo	X			X
Flexor ulnar do carpo	X			
Palmar longo	X			
Extensor radial longo do carpo		X		
Extensor radial curto do carpo		X	X	
Extensor ulnar do carpo		X		
Flexor superficial dos dedos	X			
Extensor dos dedos		X		
Extensor do dedo mínimo		X		
Extensor longo do polegar			X	
Abdutor longo do polegar			X	

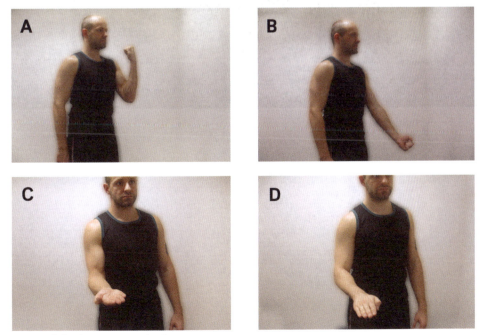

FIGURA 4.11 – Movimentos articulares.

Punho

Ossos envolvidos	Articulações envolvidas
Ossos do carpo	Radiocarpiana
Rádio	
Ulna	Ulnarcarpiana

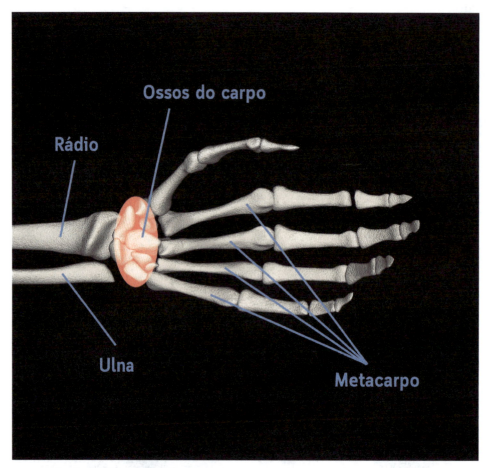

Figura 4.12 – Articulações do punho.

Músculos	A Flexão	B Extensão	C Adução	D Abdução
Flexor radial do carpo	X			X
Flexor ulnar do carpo	X		X	
Palmar longo	X			
Extensor radial longo do carpo		X		X
Extensor radial curto do carpo		X		X
Extensor ulnar do carpo		X	X	
Flexor superficial dos dedos	X			
Flexor profundo dos dedos	X			
Extensor dos dedos		X		
Extensor do índex		X		
Extensor do dedo mínimo		X		
Extensor longo do polegar		X		
Extensor curto do polegar				X
Abdutor longo do polegar				X
Flexor longo do polegar	X		X	

Figura 4.13 – Movimentos articulares.

Quadril

Ossos envolvidos	Articulações envolvidas
Fêmur	Quadril
Ílio (acetábulo)	Sacroilíaca
Sacro	
Púbis	Sínfise púbica
Ísquio	

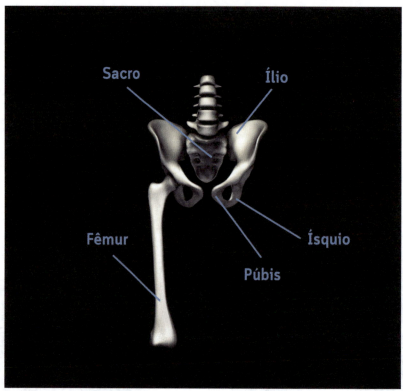

FIGURA 4.14 – Estrutura do quadril.

Músculos	A Flexão	B Extensão	C Adução	D Abdução	E Rotação interna	F Rotação externa
Psoas	X			X		X
Ilíaco	X			X		X
Sartório	X			X		X
Reto femoral	X					
Tensor da fáscia lata	X			X	X	
Glúteo máximo (inferior e superior)		X	X (i)	X (s)		X
Glúteo médio (anterior e posterior)	X (a)	X		X	X (a)	X (p)
Glúteo mínimo	X			X	X	
Bíceps femoral longo		X				X
Semitendinoso		X			X	
Semimembranáceo		X			X	
Adutor magno (fibras anteriores e posteriores)	X (a)	X (p)	X			X
Adutor longo	X		X		X	
Adutor curto	X		X		X	
Grácil			X			
Pectíneo	X		X			
Rotadores externos (6)				X		X

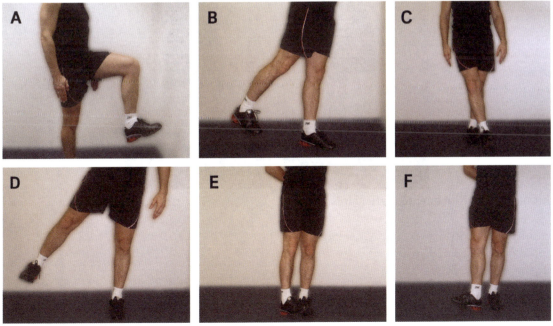

FIGURA 4.15 – Movimentos articulares do quadril.

Sistema articular | 87

Pareamento entre os movimentos: cintura pélvica e quadril

O pareamento dos movimentos ocorre porque algumas articulações dependem do movimento de outras articulações. Os movimentos acontecem conjuntamente entre as articulações da cintura pélvica e do quadril, e seguem a lógica descrita a seguir. Contudo, isso não é regra: por vezes, dependendo da posição de uma das articulações, a outra pode não seguir esse pareamento proposto.

	Cintura pélvica	Quadril
A	Rotação anterior	Flexão
B	Rotação posterior	Extensão
C	Rotação lateral	Adução/abdução
D	Rotação transversa	Rotação medial lateral

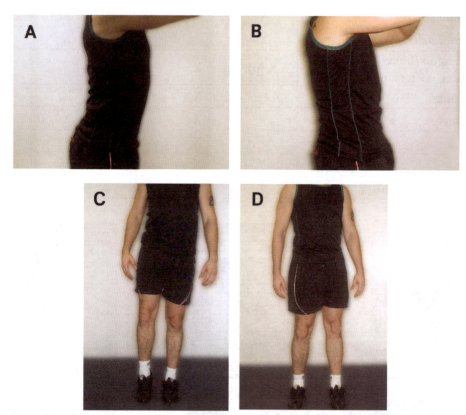

Figura 4.16 – Movimentos articulares da pelve.

Joelho

Ossos envolvidos	Articulações envolvidas
Fêmur	Tibiofemoral
Tíbia	
Fíbula	Tibiofibular

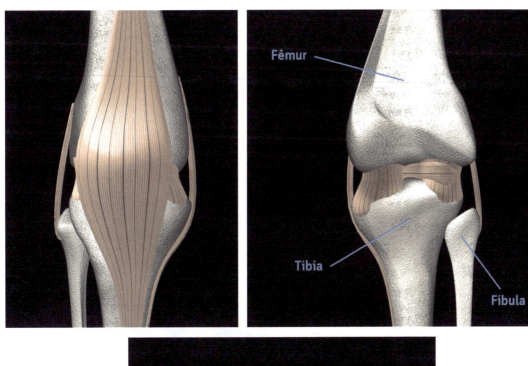

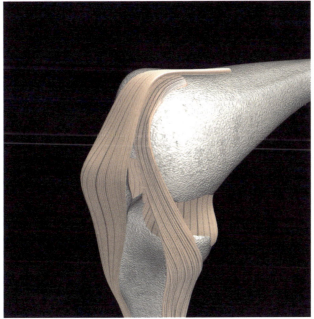

Figura 4.17 – Articulação do joelho.

Músculos	A Flexão	B Extensão	C Rotação interna	D Rotação externa
Quadríceps femoral		X		
Bíceps femoral cabeça longa e cabeça curta	X			X
Semitendinoso	X		X	
Semimembranáceo	X		X	
Sartório	X		X	
Grácil	X		X	
Poplíteo	X		X	
Gastrocnêmios	X			
Plantar	X			

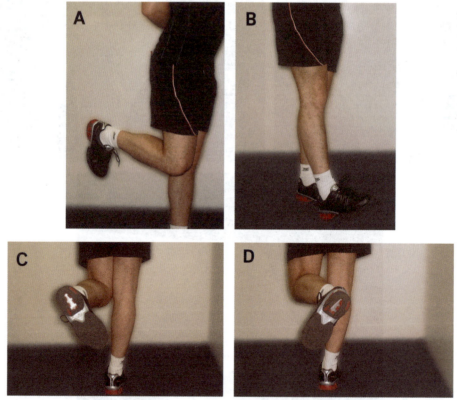

FIGURA 4.18 – Movimentos articulares do joelho.

Tornozelo

Ossos envolvidos	Articulações envolvidas
Tíbia	Tibiofibular
Fíbula	
Tálus	Tibiotalar

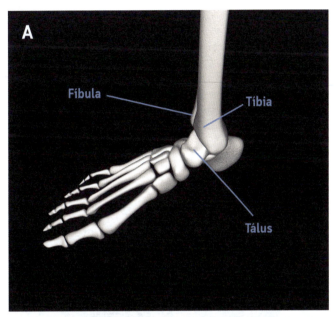
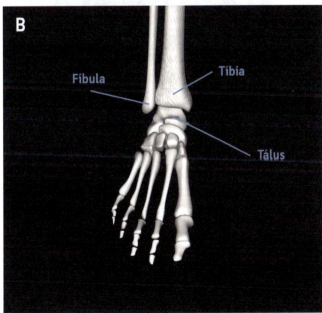

FIGURA 4.19 – Articulação do tornozelo.

Músculos	A Flexão plantar	B Dorsiflexão	C Inversão	D Eversão
Gastrocnêmios	X			
Sóleo	X			
Plantar	X			
Tibial anterior		X	X	
Tibial posterior	X		X	
Fibular longo	X			X
Fibular curto	X			X
Fibular terceiro		X		X
Extensor longo dos dedos		X		X
Extensor longo do hálux		X	X	
Flexor longo dos dedos	X		X	
Flexor longo do hálux	X		X	

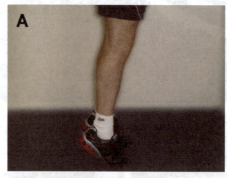

Figura 4.20 – Movimentos articulares do tornozelo.

Coluna

Ossos envolvidos	Articulações envolvidas
Crânio	Atlanto-occipital
Vértebras (cervical, torácica e lombar)	
Sacro	Intervertebrais
Cóccix	Sacroilíaca
Ílio	

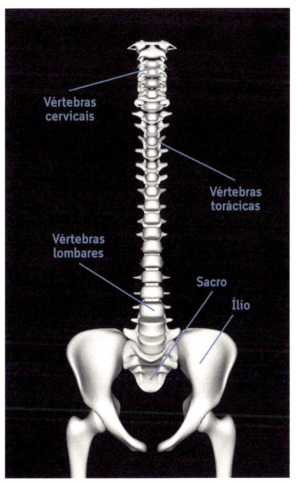

FIGURA 4.21 – Estrutura da coluna.

		Ação simultânea		Ação unilateral		
		A	**B**	**C**	**D**	
	Músculos	**Flexão**	**Extensão**	**Flexão lateral**	**Rotação**	
					Mesmo lado	**Lado oposto**
Coluna cervical	Longo do pescoço	X		X	X	
	Longo da cabeça	X			X	
	Reto anterior da cabeça	X			X	
	Reto lateral da cabeça			X		
	Escaleno anterior	X		X		X
	Escaleno médio			X		X
	Escaleno posterior			X		X
	Platisma	X				
	Esternocleidomastoideo	X	X	X		X
	Reto posterior maior da cabeça		X		X	
	Reto posterior menor da cabeça		X			
	Oblíquo inferior da cabeça				X	
	Oblíquo superior da cabeça		X	X		
	Esplênio do pescoço		X	X	X	
	Esplênio da cabeça		X	X	X	
	Trapézio superior		X	X		X
	Iliocostal do pescoço		X	X		
	Longuíssimo do pescoço		X			
	Longuíssimo da cabeça		X	X	X	
	Espinhal do pescoço		X			
	Espinhal da cabeça		X			
	Semiespinhal do pescoço		X			X
	Semiespinhal da cabeça		X			
	Mutífidos cervicais		X			X
	Rotadores cervicais		X			X
	Interespinhais cervicais		X			
	Intertransversários cervicais			X		
Coluna toracolombar	Reto do abdome	X				
	Oblíquo externo	X		X		X
	Oblíquo interno	X		X	X	
	Psoas maior	X				
	Quadrado lombar			X		
	Iliocostal torácico		X	X	X	
	Iliocostal lombar		X	X	X	
	Longo do tórax		X	X	X	
	Espinhal do tórax		X	X		
	Semiespinhal torácico		X	X		X
	Intertransversais		X	X		
	Interespinhais		X			
	Rotadores		X			X
	Mutífido		X	X		X

Coluna

Cervical

Toracolombar

FIGURA 4.22 – Movimentos articulares da coluna (cervical e toracolombar).

Fique por dentro

Artrite reumatoide

É uma doença crônica de causa desconhecida. A característica principal é a inflamação articular persistente, mas há casos em que outros órgãos são comprometidos. É mais frequente em mulheres e costuma iniciar-se entre 30 e 50 anos de idade, mas compromete, também, homens e crianças. Para que se desenvolva a doença, são necessárias algumas combinações de defeitos genéticos e a presença de um ou mais estímulos externos.

Bursite

A inflamação da bursa tende a ser mais comum em homens do que em mulheres, talvez pela maior quantidade de atividade física. Mais comum na bursa subdeltoide, na do olécrano, na pré-patelar e na radioumeral, em ordem de frequência. É de etiologia desconhecida, pois nenhuma influência precisa pôde ser identificada, com a possível exceção de um histórico de movimentos excessivos.

Condromalácia patelar

É uma degeneração (ou amolecimento) da cartilagem articular da patela por atrito e/ou por compressão.

Artrose

Trata-se de uma doença que se caracteriza pelo desgaste da cartilagem articular e por alterações ósseas, entre elas, os osteófitos, conhecidos vulgarmente como "bicos de papagaio".

Espondilólise

Pode ser definida como uma anormalidade estrutural da coluna. Corresponde a um defeito no segmento interarticular, em geral, entre os processo articulares superior e inferior de L5 (por vezes ocorre em L4). Pode ser unilateral ou bilateral. Há uma perda na continuidade óssea entre esses dois processos no istmo do arco neural. Costuma ser assintomática, mas, em alguns casos, pode causar dor lombar (lombalgia).

Espondilolistese

É caracterizada por um deslizamento ou deslocamento anterior ou posterior de uma vértebra em relação à outra.

LER (lesão por esforço repetitivo) e DORT (distúrbio osteomuscular relacionado ao trabalho)

Dá-se o nome de LER ao conjunto de doenças causadas por esforço repetitivo. A LER envolve tenossinovite, tendinite, bursite e outras doenças. Também é conhecida como lesão por trauma cumulativo. Muitos estudiosos e instituições preferem chamar de DORT os tipos de LER.

5

BIOMECÂNICA NEUROMUSCULAR

O *sistema muscular* pode ser dividido em três categorias de músculos: *cardíaco*, *liso* e *esquelético*. Cada qual com características especiais e funções definidas. Entretanto, o foco deste capítulo será a análise dos músculos estriados esqueléticos promotores dos movimentos e das ações motoras.

Para o bom entendimento da Biomecânica Neuromuscular, faz-se necessário, também, o entendimento da arquitetura muscular, assim como a interação entre os sistemas nervoso e muscular.

Arquitetura e função muscular

Fase 1

A unidade funcional do sistema contrátil muscular é o *sarcômero*.

Fase 2

Uma *miofibrila* é composta por diversos sarcômeros conectados em série, paralelamente. Dessa forma, diversas miofibrilas compõem uma *fibra muscular*.

Fase 3

Feixes, ou fascículos musculares são diversas fibras envoltas em um tecido conjuntivo denso, chamado de *perimísio*.

Fase 4

O *músculo* é composto por diversos feixes envoltos por uma fáscia de tecido conjuntivo fibroso, chamado de *epimísio*. Existe, ainda, a *fáscia de revestimento*, que é a estrutura passiva que recobre os músculos, dando a forma do segmento.

O *músculo esquelético* é formado de diversas estruturas que compõem sua arquitetura. O sarcômero, unidade funcional do sistema contrátil muscular, é composto basicamente por elementos envolvidos na contração e por componentes passivos.

Os componentes relacionados à contração muscular são: *actina, miosina, troponina* e *tropomiosina*. Cada um desses elementos tem uma importante função na maquinaria contrátil: a *actina* e a *miosina* estão relacionadas ao deslizamento e à produção de tensão, ao passo que a *troponina* e a *tropomiosina* estão envolvidas na regulação desse processo.

Os componentes passivos são parte do citoesqueleto intramiofibrilar, sendo a *nebulina* (componente não elástico) e a *titina* (componente elástico que une a miosina à linha Z) as estruturas mais importantes. A titina tem um importante papel no desenvolvimento de força muscular passiva durante o estiramento.

Uma fibra muscular é definida como uma célula cilíndrica longa com centenas de núcleos. Essas fibras são revestidas por uma membrana chamada *sarcolema*, que é unida com as linhas Z dos sarcômeros via proteínas que compõem o citoesqueleto extramiofibrilar (vinculina e distrofina) (Figuras 5.1 e 5.2).

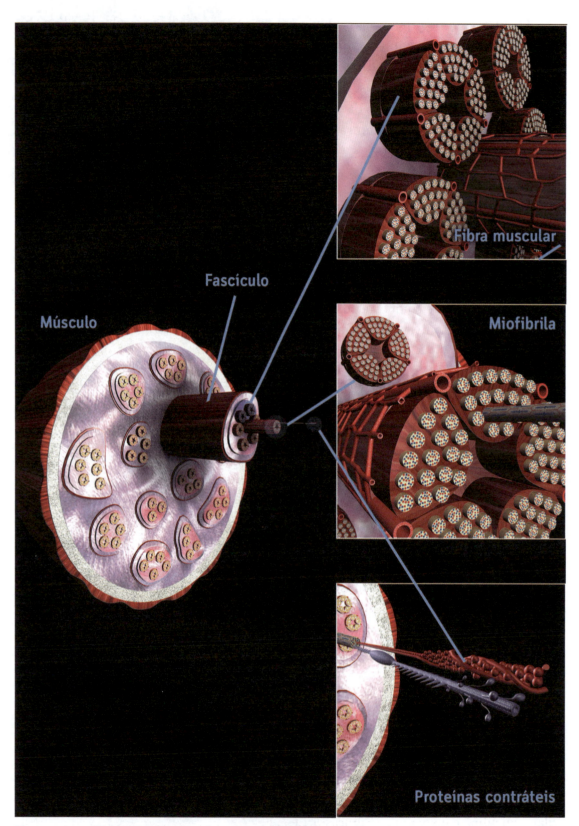

Figura 5.1 – Diagrama dos componentes musculares.

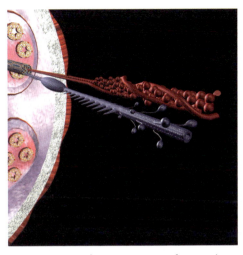

Figura 5.2 – Representação esquemática das estruturas do sarcômero.

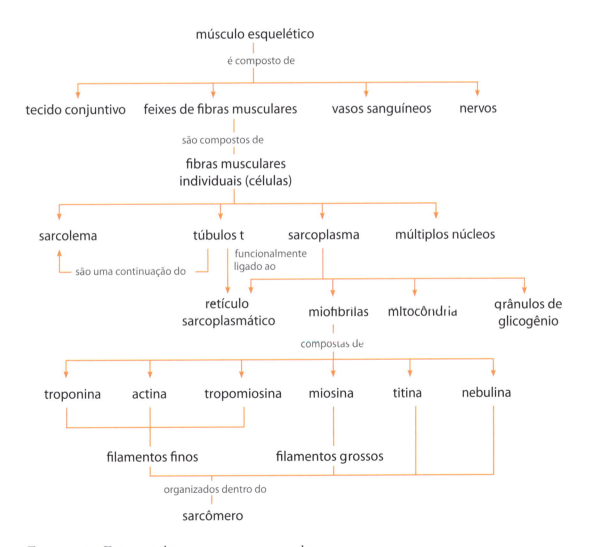

Figura 5.3 – Esquema dos componentes musculares.

Cada fibra é envolvida por um tecido conjuntivo chamado *endomísio*. Para formar um feixe ou fascículo muscular, diversas fibras são envoltas em um tecido conjuntivo denso chamado de *perimísio*. Dessa forma, o músculo é composto por diversos feixes envoltos por uma fáscia de tecido conjuntivo fibroso chamado de *epimísio*. Existe ainda a *fáscia de revestimento*, que é a estrutura passiva que recobre os músculos, dando a forma do segmento.

O músculo é inserido nos ossos via tendão, que pode ser estruturalmente definido como a união dos diferentes tecidos conjuntivos musculares (endomísio, perimísio, epimíso e fáscia de revestimento), sem apresentar estrutura contrátil. Chama-se esse conjunto (tendão mais músculo) de *unidade musculotendínea*.

As forças produzidas pelos sarcômeros são transmitidas aos ossos por meio desses tecidos conjuntivos e dos tendões, que são tecidos conjuntivos densos, escassamente vascularizados e compostos, sobretudo, por colágeno. O arranjo de fibras de colágeno no tendão tem uma organização em paralelo que permite suportar altas cargas de tensão em seu comprimento. Sua função é unir o músculo ao osso e transferir a tensão gerada pelo músculo ao sistema ósseo.

Cerca de 40% a 45% do peso corporal total do corpo humano é representado por músculos esqueléticos, que têm a função de gerar força para os movimentos, a postura, a locomoção, a respiração e a produção de calor.

Os músculos executam trabalho mecânico e podem ser classificados como *dinâmicos* (locomoção e movimento dos segmentos) e *estáticos* (postura corporal e sustentação segmentar). O trabalho dinâmico representa o deslocamento e a geração de força muscular, ao passo que o trabalho estático apresenta a geração de energia efetuada pelo músculo, mas sem deslocamento no sistema. Em ambos os casos, o trabalho fisiológico ocorre, sendo caracterizado pela degradação e pela ressíntese de trifosfato de adenosina (ATP).

Ao associar o músculo ao sistema esquelético e articular, a produção de força muscular gera no sistema em questão um efeito de rotação dos ossos em torno da articulação em comum. Esse efeito de rotação é denominado *torque*. Dessa forma, após a ativação muscular, inicia-se a geração de torque, e as alterações no comprimento muscular dependem da relação entre a magnitude do torque exercido pelos músculos agonistas e aquele efetuado pela resistência.

Quando a magnitude do torque gerado pelos agonistas for maior do que o originado pela resistência, observa-se que o movimento ocorre no sentido da aplicação da força muscular (*contração concêntrica*). Caso a magnitude do torque dos músculos seja menor do que o da resistência, observamos o movimento no sentido oposto ao da força muscular (*contração excêntrica*), entretanto, se a magnitude dos torques musculares e da resistência forem iguais, não observamos movimento em qualquer direção (*contração isométrica*).

Pode-se, também, classificar os músculos quanto à sua participação no movimento estudado. Os músculos são classificados como *agonistas*, quando têm maior participação no movimento articular. Já os músculos definidos como *antagonistas* são aqueles que realizam o movimento articular contrário ao dos agonistas e, consequentemente, opõem-se ao movimento realizado por estes. Os músculos utilizados para evitar movimentos indesejados em certas articulações, permitindo que outro membro ou segmento possa realizá-los corretamente, são chamados de músculos *estabilizadores* ou *fixadores*. Pode-se, ainda, classificar os músculos *neutralizadores*, que têm influência na anulação de ações musculares desnecessárias. Os músculos *sinergistas* contribuem para o movimento e incluem os agonistas, os fixadores, os neutralizadores e, até mesmo, os antagonistas.

A orientação das fibras musculares determina grandes diferenças no comportamento muscular. O ângulo entre o tendão e as fibras musculares é chamado de *ângulo de penação*. Caso esse ângulo seja zero, o músculo é considerado *fusiforme* (fibras paralelas), porém, quando o ângulo de penação não é zero, o músculo é chamado de *penado* (fibras oblíquas). Os ângulos de penação variam entre os indivíduos.

Existe relação direta entre o ângulo de penação e a força transmitida ao tendão. Essa relação pode ser explicada por meio da seguinte fórmula:

$$F \text{ (tendão)} = F \text{ (fibra)} \times \cos (\alpha)$$

Em que:
F: força; α: ângulo de penação.

Em músculos fusiformes, toda a força produzida é transmitida ao tendão, mas, em músculos penados, menos força é transmitida ao tendão em razão do ângulo de penação. Dessa forma, observa-se que a penação tem influência na transmissão de força ao tendão, entretanto, em músculos penados, consegue-se agrupar mais fibras em uma certa área de seção transversal.

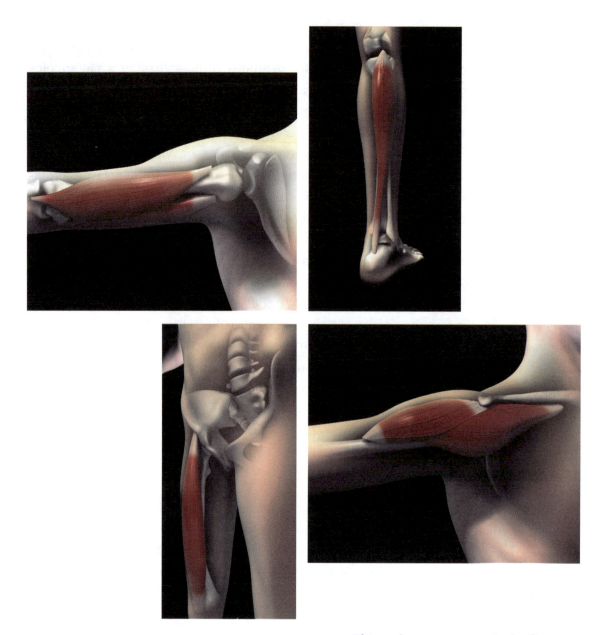

FIGURA 5.4 Orientação das fibras musculares.

Sistema Nervoso

Entender conceitos relacionados ao *sistema nervoso* é de vital importância para compreender o funcionamento e o controle dos movimentos.

O sistema nervoso possibilita a comunicação entre o cérebro e as diferentes partes do corpo. Anatomicamente, pode ser dividido em *central* (encéfalo e medula espinhal) e *periférico* (nervos sensoriais e motores). Funcionalmente, esse sistema pode ser classificado quanto ao seu controle *involuntário* e *voluntário*. O *controle involuntário* (sistema nervoso autônomo) é composto por *nervos simpáticos* e *parassimpáticos*, que controlam diferentes funções corporais, como frequência cardíaca, contração do miocárdio, contração de músculos lisos, entre outras. Por sua vez, o *controle voluntário* (sistema nervoso somático) é caracterizado pelos *neurônios*, que inervam o músculo esquelético, tanto os *motores* quanto os *sensoriais*. Portanto, o controle voluntário envolve duas vias de condução de informação, que são chamadas de *via sensorial* ou *aferente*, e de *via motora*, ou *eferente*. Ambas têm relevância no controle do movimento humano.

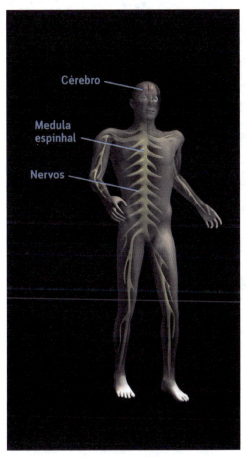

Principal divisão estrutural do sistema nervoso		
Sistema nervoso central (SNC)	Cérebro	Substância cinzenta
		Substância branca
Sistema nervoso periférico (SNP)	Medula espinhal	Substância cinzenta
		Substância branca
	Gânglio	

Classes funcionais dos neurônios periféricos	
Somático	Sensorial
	Motor
Autônomo	Sensorial
	Motor

FIGURA 5.5 – Divisões do sistema nervoso.

A *via sensorial* conta com receptores especializados, responsáveis pela conversão do estímulo recebido na periferia em potencial de ação, que é propagado até o sistema nervoso central (SNC). Existem diversos tipos de receptores sensoriais, como, por exemplo, os *mecanorreceptores* (fuso muscular, órgão tendinoso de Golgi, corpúsculos de Paccini, receptores articulares, entre outros), os *termorreceptores* (de frio e de calor), os *fotorreceptores* (cones e bastonetes – visão) e os *quimiorreceptores* (osmorreceptores, corpos carotídeos e aórticos). No entanto, os receptores que nos interessam, e que estão mais relacionados ao movimento voluntário, são os *mecanorreceptores musculares* (fuso muscular e órgão tendinoso de Golgi) (Figura 5.6).

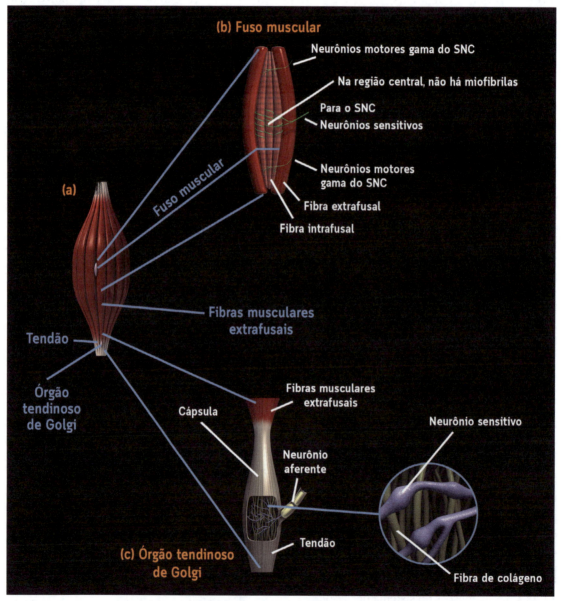

FIGURA 5.6 – Fuso muscular e órgão tendinoso de Golgi.

O *fuso muscular* é um receptor sensorial que está localizado em paralelo às fibras musculares (extrafusais). A estrutura do fuso muscular é composta por fibras modificadas (*fibras intrafusais*), contidas em uma cápsula, com um nervo sensorial espiralado ao redor do seu centro. Essa porção central não é capaz de se contrair, porém, suas extremidades contêm fibras contráteis, inervadas por *neurônios motores* do tipo *gama*, que, ao serem estimulados, contraem as extremidades das fibras intrafusais, distendendo a região central. Dessa forma, quando o músculo é distendido, a porção central sofre deformação, ativando o nervo sensorial, que, por sua vez, estimula o *motoneurônio alfa* a ativar as fibras musculares (*extrafusais*). Suas funções principais são informar ao SNC sobre o grau de contração, comprimento muscular e frequência na alteração de seu tamanho.

O *órgão tendinoso de Golgi*, localizado na região musculotendínea, é um receptor sensorial e está disposto em série com as fibras musculares. Sua função principal é avaliar o grau de tensão produzida no tendão. Está ligado a neurônios Ib que fazem conexão (*sinapse*) com interneurônios inibitórios, inibindo, desse modo, os respectivos neurônios motores alfa do músculo em questão. Essa inibição faz que a contração muscular seja reduzida, diminuindo a força gerada.

A *via motora voluntária* envolve, em especial, o motoneurônio alfa (neurônio motor tipo alfa) ligado às fibras musculares. Portanto, o músculo esquelético é funcionalmente organizado com base na *unidade motora*, composta pelo corpo celular, pelos dendritos de um motoneurônio, pelos múltiplos ramos de seu axônio e pelas fibras musculares que ela inerva. Cada músculo tem um determinado número de unidades motoras, e cada unidade motora tem um número de fibras musculares inervadas. A unidade motora é uma unidade ativada por um esforço voluntário, no qual todos os seus componentes são ativados sincronicamente. Logo, um estímulo mínimo, que seja suficiente para ativar (despolarizar) o motoneurônio, faz todas as suas fibras musculares serem ativadas sincronicamente e com tensão máxima. A esse fenômeno dá-se o nome de "lei do tudo ou nada".

O motoneurônio alfa é uma estrutura neural cuja soma é encontrada no corno ventral da medula. Tem diâmetro axonal relativamente grande e terminações nervosas que inervam fibras musculares unitárias. O encontro do axônio do motoneurônio alfa com a fibra muscular, ou junção neuromuscular, é usualmente localizado no meio do ventre do músculo, constituindo o *ponto motor*. As fibras musculares de cada unidade motora apresentam-se distribuídas dentro de fascículos ou completamente misturadas dentro do músculo.

O número de fibras musculares que cada motoneurônio inerva é chamado de *proporção de inervação*. Quanto menor a proporção de inervação, menos força é gerada, e o controle do movimento torna-se mais preciso. Da mesma forma, quando a proporção de inervação é grande, maior força é gerada.

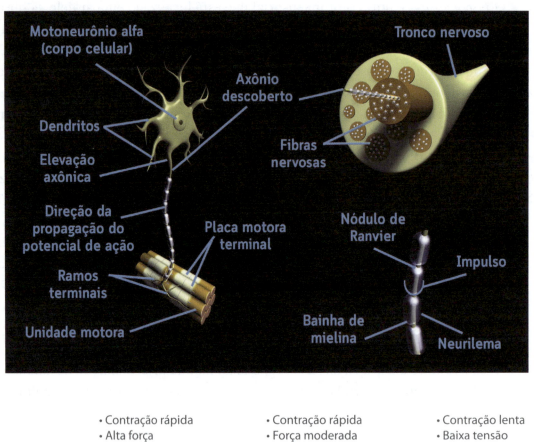

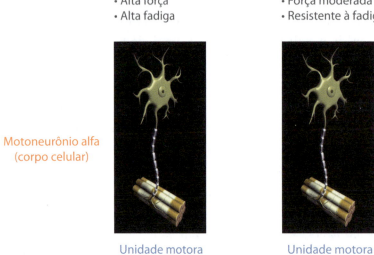
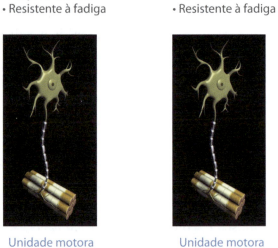

FIGURA 5.7 – Uma unidade motora e um conjunto de unidades motoras do mesmo músculo.

A estimulação dos motoneurônios, por meio dos *potenciais de ação*, inicia o processo de contração muscular. Em condições normais, os potenciais de ação percorrem o motoneurônio alfa e ativam as fibras musculares da unidade motora. A membrana da fibra muscular é despolarizada, e o potencial de ação é propagado em ambas as direções, ao longo de seu comprimento. A resposta imediata das fibras musculares (da unidade motora) à sua despolarização é chamada de *abalo*, definido como a resposta de força no tempo por causa de um único impulso.

Em um músculo, as unidades motoras têm uma ordem de ativação para gerar força em um padrão motor específico. Esse ordenamento segue o que chamamos de *princípio do tamanho*, proposto por Henneman, em 1979. O estudioso propôs que, quando um conjunto de motoneurônios é ativado, os motoneurônios com os menores corpos celulares são recrutados primeiro por potenciais pós-sinápticos, pois estes apresentam o menor limiar de disparo (despolarização). Com o aumento da taxa de disparo em relação à força, progressivamente, grandes motoneurônios são recrutados.

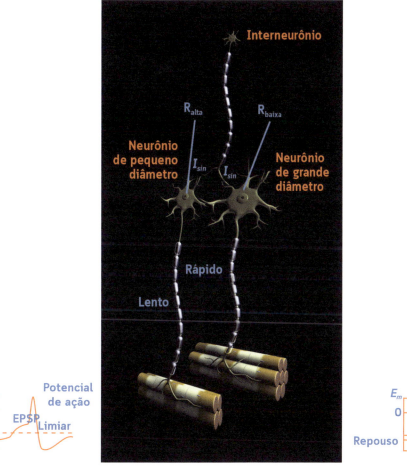

E_m: estímulo muscular; EPSP: potencial pós-sináptico excitatório; I_{sin}: corrente sináptica excitatória; R_{alta}: resistência alta; R_{baixa}: resistência baixa.
FIGURA 5.8 – Princípio do tamanho (baseado na Lei de Ohm).

Outro fator relevante está relacionado à velocidade na qual o potencial de ação é propagado no axônio motor. Velocidades maiores de propagação são encontradas em motoneurônios alfa maiores (maior diâmetro axonal) e, consequentemente, inervam fibras musculares de contração rápida. Já motoneurônios alfa menores têm menor velocidade de condução axonal, inervando fibras musculares de contração lenta. Essa ordem estereotipada de recrutamento tem três importantes consequências funcionais:

1. O recrutamento ordenado simplifica a tarefa de modulação da força.
2. A ordem de recrutamento assegura que o aumento da força gerada por sucessivas ativações das unidades motoras desenvolva a informação sináptica na proporção do limiar de força em que são recrutadas.
3. Um maior número de unidades motoras lentas é utilizado, e tais unidades devem ser providas de um maior aporte metabólico.

Em adição à modulação da força muscular pelo recrutamento ordenado, o sistema nervoso pode variar a força mediante a modulação da *taxa de disparo* das unidades motoras (Gráfico 5.1).

Gráfico 5.1 – Frequência de disparo das diferentes unidades motoras

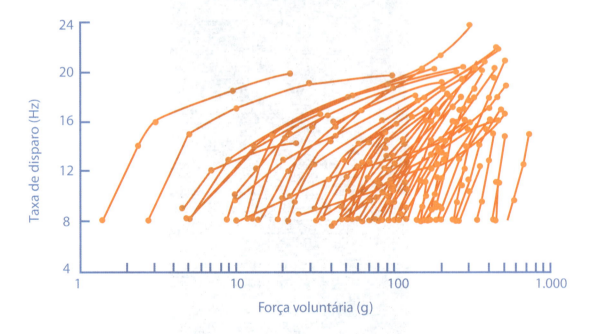

A taxa de disparo pode ser definida pela quantidade de vezes que os neurônios disparam os potenciais de ação, estando o aumento da força relacionado ao crescimento da taxa de disparo, que ocorre pelo somatório temporal dos abalos individuais. Menores

taxas de disparo são observadas quando se recruta as fibras lentas (tipo I), que geram pequenas forças e são mais resistentes à fadiga. As unidades rápidas, resistentes à fadiga (tipo IIa), são as próximas a serem recrutadas, seguidas pelas unidades rápidas (tipo IIb), pouco resistentes à fadiga.

A produção ou o controle da força estão relacionados a diversos mecanismos, como a coordenação intramuscular, a coordenação intermuscular, a co-ativação de músculos antagônicos e a área de seção transversal.

O primeiro mecanismo está relacionado à quantidade de informação vinda do sistema nervoso para o músculo, chamado de *coordenação intramuscular*. Essa forma de adaptação ao treinamento de força pode ser entendida como o crescimento da ativação do músculo agonista, ocorrendo o aumento da produção de força muscular pela soma dos mecanismos previamente citados: aumento na taxa de disparo da unidade motora e a associação de mais unidades motoras. O desempenho de um movimento particular parece ser alcançado pela ativação de unidades motoras em uma sequência estabelecida (princípio do tamanho). Desse modo, conforme a demanda aumenta, a força exercida por um músculo também deve aumentar, e, portanto, mais unidades motoras são recrutadas.

Outro importante mecanismo relacionado à geração da força muscular é chamado de *coordenação intermuscular*, que está ligado ao controle de músculos sinérgicos no movimento específico. Para a melhora do desempenho de força, quanto mais coordenada for a atuação dos músculos sinergistas, maior será o direcionamento da força para o movimento específico. Esse tipo de adaptação proporciona não só a melhora no controle dos músculos que atuam no movimento, mas, também, a redução da ativação dos músculos antagonistas.

A *coativação dos músculos antagonistas* realiza um papel importante no controle do movimento. A ativação dos antagonistas pode dificultar a ação dos músculos agonistas, pois estes acabam gerando torque oposto ao desejado, diminuindo o momento originado na direção do movimento desejado. Entretanto, a ativação dos músculos antagonistas tem uma importante função na manutenção da estabilidade articular e na coordenação do movimento.

A produção da força muscular tem relação direta com a *área de seção transversal do músculo*. A força máxima produzida por uma fibra muscular depende do número de sarcômeros colocados em paralelo, e, por analogia, a força máxima que um músculo pode gerar depende do número de fibras musculares em paralelo, podendo ser estimada por meio de sua área de seção transversal fisiológica. Associado a essa ideia, outro fator torna-se importante na capacidade de gerar força: a chamada *tensão específica*.

Gráfico 5.2 – Representação de unidades motoras (tipo I, tipo IIa e tipo IIb, respectivamente)

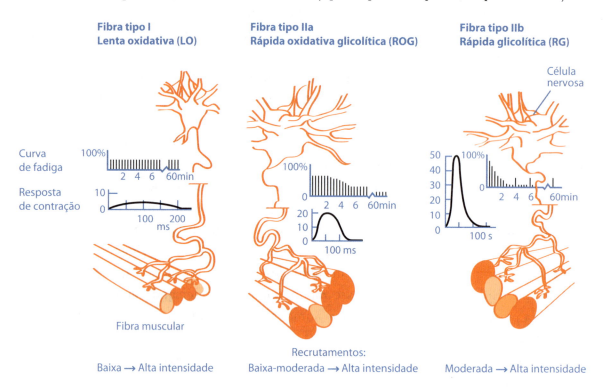

Gráfico 5.3 – Representação esquemática da gradação de força

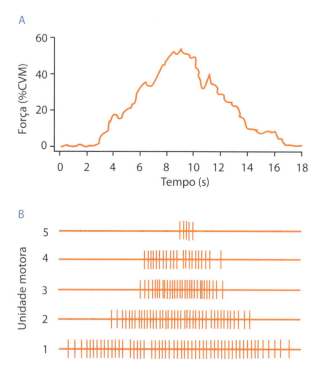

CVM: contração voluntária máxima

Gráfico 5.4 – Produção de força e respectiva fase de contribuição

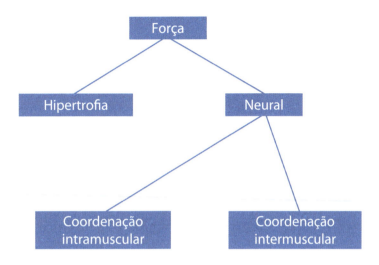

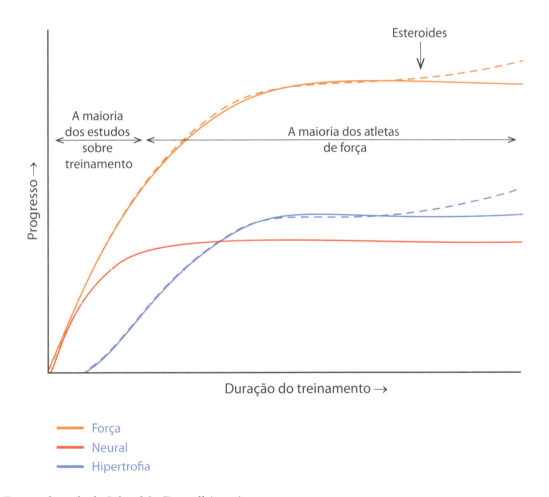

Fonte: adaptado de Sale e MacDougall (1981).

Tensão específica é a capacidade que uma fibra muscular tem em gerar força, podendo variar em torno de 16 a 40 N/cm². Desse modo, pode-se estimar a força muscular por meio da multiplicação da tensão específica pela área de seção transversal fisiológica, caracterizando o potencial de força que determinado músculo pode exercer.

Mecânica muscular

Mecanicamente, a unidade musculotendínea pode ser representada por meio de um esquema, como é mostrado na Figura 5.9.

Essas estruturas podem ser definidas como *componentes elásticos em série* (CES), *componentes elásticos em paralelo* (CEP) e *componente contrátil* (CC). As estruturas em *série*, em relação ao componente contrátil, são caracterizadas pelos *tendões*; as estruturas em *paralelo* são os *tecidos conjuntivos* (endomísio, perimísio e epimísio), o *componente contrátil* é o *sarcômero*.

Em uma contração ativa ou extensão passiva de um músculo, os componentes elásticos paralelos e em série estiram-se, armazenando energia para ser posteriormente liberada. As fibras elásticas em série são mais importantes na produção de tensão. A distensibilidade e a elasticidade dos componentes elásticos têm funções importantes no músculo:

- Mantêm o músculo em prontidão para a contração.
- Garante a transmissão da tensão muscular.
- Assegura o retorno das estruturas contráteis após a contração muscular.
- Absorve a energia proporcional à razão da aplicação da força.
- Dissipa a energia de maneira tempo-dependente.

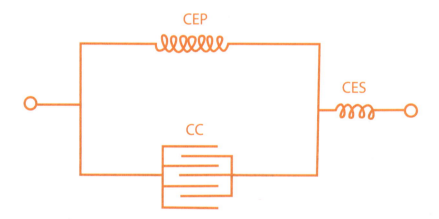

Figura 5.9 – Representação mecânica da unidade musculotendínea.

Propriedades mecânicas musculares

Basicamente, duas propriedades mecânicas serão abordadas neste capítulo: a *relação comprimento-tensão* e a *relação força-velocidade*.

A *relação comprimento-tensão* (Gráfico 5.5) caracteriza que, para determinado músculo ou sarcômero, a força máxima isométrica atingida depende de seu comprimento. No sarcômero, essa relação tem influência direta com o número de pontes cruzadas conectadas.

Associado à tensão ativa produzida pelo componente contrátil, observa-se, quando ocorre um aumento do comprimento da estrutura, o aumento da tensão, em virtude da resistência oferecida pelos componentes elásticos.

No músculo, a produção de força máxima depende do comprimento muscular, que pode ser correlacionado com a posição angular da articulação que o músculo está cruzando. Dessa forma, existe um ângulo articular relacionado ao comprimento muscular, ótimo para gerar força máxima.

Gráfico 5.5 – Relação comprimento-tensão no sarcômero

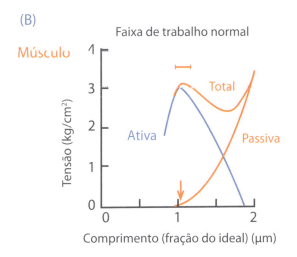
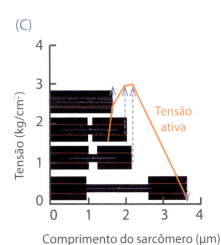

A *relação força-velocidade* (Gráfico 5.6) considera a variação do desenvolvimento de tensão muscular máxima em função da velocidade de encurtamento. Em contrações concêntricas, a força máxima que um músculo pode produzir em comprimento ótimo diminui com o aumento das velocidades de encurtamento. Para contrações excêntricas, a força que um músculo pode exercer aumenta com a aceleração das velocidades de alongamento, até que uma velocidade crítica seja atingida (a força torna-se constante, independentemente da velocidade).

Gráfico 5.6 – Relação força-velocidade no sarcômero

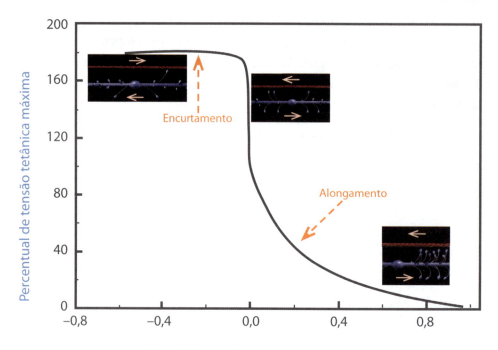

Fique por dentro

Distrofia muscular

Um grupo heterogênio de distúrbios herdados caracterizados por fraqueza e atrofia muscular grave progressiva, começando, com frequência, na infância.

Rigidez muscular

Contração muscular involuntária sustentada, sendo uma manifestação de doenças dos *gânglios de base*. Quando um músculo afetado é passivamente alongado, o grau de resistência permanece constante, desconsiderando sua taxa de alongamento.

Miopatias congênitas estruturais

Grupo heterogêneo de doenças caracterizadas pelo início precoce de hipotonia, atrasos no desenvolvimento de habilidades motoras, fraqueza não progressiva. Cada uma dessas desordens está associada a uma anormalidade específica na fibra muscular.

Espasticidade muscular

Forma de hipertonia muscular. Resistência ao alongamento passivo, com resposta inicial mínima, seguido por um aumento no tônus muscular. O tônus aumenta na proporção da velocidade do alongamento.

Câimbra muscular

Sustentada contração dolorosa das fibras musculares. Pode ocorrer como um fenômeno isolado ou como uma manifestação de alguma doença (uremia, hipotiroidismo).

Miosite

Inflamação do músculo esquelético.

Debilidade muscular

Uma vaga queixa de debilidade, de fadiga ou de exaustão atribuída à fraqueza de vários músculos.

Fibromialgia

Síndrome reumática não articular, caracterizada por mialgia e múltiplos pontos sensíveis à palpação (*trigger points*).

Tendinite

Inflamação dos tendões ou da união musculotendínea.

Tenossinovite

Inflamação da bainha tendinosa. As causas incluem trauma, estresse tendíneo, doenças bacterianas, doenças reumáticas ou gota. Os locais mais comuns são: cápsula articular do ombro, cápsula articular do quadril, isquiotibiais e tendão calcâneo.

Transtornos musculares atróficos

Desordens caracterizadas por uma anormal redução no volume muscular em razão de uma diminuição no tamanho ou número de fibras musculares.

6

EXERCÍCIOS

Este capítulo, de análise cinesiológica dos exercícios, busca trazer informações referentes a alguns aspectos considerados de extrema relevância na escolha e na orientação do exercício:

- Orientação do melhor ajuste do equipamento a ser executado, levando em consideração aspectos anatômicos do executante.
- Orientação quanto à forma de ajustar o executante ao equipamento.
- Detalhes sobre a forma de execução dos movimentos.
- Informações sobre os músculos motores primários, com base na análise da execução dos exercícios, utilizando na nomenclatura os movimentos articulares realizados na fase concêntrica do movimento em questão, análise esta realizada para cada articulação associada ao exercício.
- Referências quanto à variação dos exercícios nos aparelhos.

Considerações gerais

É importante ressaltar alguns conceitos pertinentes à forma de execução dos exercícios, que dependem exclusivamente dos objetivos e dos métodos utilizados durante os ciclos do treinamento. Essas considerações estão relacionadas aos conceitos descritos a seguir.

Quanto à amplitude articular em cada exercício

Quando se considera em qual amplitude articular deve-se realizar o exercício, na maioria das vezes, busca-se a maior amplitude. Dessa forma, temos o maior trabalho executado, pois cada músculo contribui por meio de uma amplitude maior durante a execução do movimento.

Desse modo, em alguns casos (como quando se utiliza um treino com repetições parciais), uma pequena amplitude pode ser utilizada para que possa ser levantado um maior peso. Fator importante em alguns momentos do treinamento, em especial para indivíduos que tem por objetivo o rendimento esportivo (na própria musculação ou em competições que necessitam dessa característica). Por isso, tanto a variação nas montagens de programas como a inclusão de métodos ou sistemas de treinamento auxiliam na variabilidade dos estímulos aplicados, sendo esse sistema de repetições parciais um bom exemplo dessa variabilidade (mediante a alteração na amplitude do movimento).

Entretanto, salienta-se que o professor deve adequar a amplitude do movimento para cada aluno, respeitando suas características individuais e o nível de flexibilidade para cada movimento articular.

Quanto à finalização dos movimentos articulares

Outro aspecto importante a ser discutido é quanto à finalização dos movimentos articulares. Buscando a maior amplitude de execução, em geral, entende-se que quanto maior a amplitude do movimento, maior será o recrutamento de unidades motoras, caso não haja alteração nas outras variáveis agudas do treinamento.

Ainda assim, alguns cuidados devem ser observados em relação a essa orientação. Quando realizar o movimento específico, a amplitude deste não deve ultrapassar certo limite, de tal forma que perca a ação eficiente das forças externas. Nos aparelhos, em geral, não há tanta preocupação com essa característica, pois já são estruturados de forma a permitir que o movimento aconteça somente na amplitude em que este consiga oferecer resistência, excetuando-se os "puxadores", que permitem grande liberdade de movimento e, em consequência, possibilitam essa perda. Nos "pesos livres", da mesma forma que nos "puxadores", dependendo da amplitude empregada no exercício, ao se aproximar de um ponto que poderia ser chamado de "ponto neutro", a tensão gerada na musculatura é amplamente reduzida e, ao ultrapassar esse ponto, passa a ser direcionada a outro grupamento muscular.

Pode ser dado um exemplo para auxiliar no entendimento desse conceito: em um indivíduo que está com seu membro superior direito na horizontal e realiza uma contração dinâmica de flexão do cotovelo (sem o uso de nenhum aparelho), utilizam-se os músculos flexores do cotovelo. Quando se ultrapassa o ângulo de 90° entre o braço e o antebraço, a ação passará a ser dos músculos extensores do cotovelo (ação excêntrica).

Nesse exemplo, quanto mais próximo dos 90°, menor será o torque resistente opondo-se à musculatura flexora do cotovelo; em 90°, não há uma "ação eficiente das forças externas"; ao ultrapassar esse ponto, serão mudados os músculos responsáveis pelo movimento.

Exercícios para a coluna

Abdominal com rotação

Posição inicial.

Posição final.

Descrição técnica

Ajustes corporais

O executante deve estar em decúbito dorsal. Um dos membros inferiores deve estar apoiado no solo, com o joelho flexionado. O outro membro inferior tem que estar com o joelho flexionado e apoiado no membro, contralateral.

O membro superior do mesmo lado do pé apoiado no solo deve estar com o cotovelo flexionado e a mão apoiada na região occipital; o braço oposto, que está no alinhamento do ombro, deve permanecer apoiado no solo.

Execução

Partindo da posição inicial, realizar uma flexão associada à rotação de coluna para um lado. Retornar com uma extensão de coluna e rotação para o lado oposto, até que as escápulas entrem em contato com o solo.

> **Músculos motores primários**
>
> *Flexão de coluna*: reto do abdome, oblíquos externos e oblíquos internos do abdome.
> *Rotação de coluna*: oblíquos externos e oblíquos internos do abdome.

Abdominal canivete

Posição inicial.   Posição final.

Descrição técnica

Ajustes corporais

O executante deve estar em decúbito dorsal, com os joelhos estendidos, os pés apoiados no solo e os braços estendidos acima da cabeça, em abdução de ombros e alinhados com o tronco.

Execução

Partindo da posição inicial, realizar uma flexão de coluna e quadris. Retornar com uma extensão de coluna e de quadris até as escápulas entrarem em contato com o solo, quando se inicia a próxima repetição.

> **Músculos motores primários**
>
> *Flexão de coluna*: reto do abdome, oblíquos externos e oblíquos internos do abdome.
> *Flexão de quadris*: reto femoral e iliopsoas.

Variação

Pode-se realizar o exercício com os braços na linha horizontal, alinhados com o tronco, diminuindo sua dificuldade na execução.

Abdominal (quadris a 90°)

Posição inicial.   Posição final.

Descrição técnica

Ajustes corporais

O executante deve estar em decúbito dorsal, coxas na vertical, joelhos semiflexionados.

Execução

Partindo da posição inicial, realizar uma flexão de coluna. Retornar com uma extensão de coluna até as escápulas estarem em contato com o solo; sem relaxar a musculatura, iniciar a próxima repetição.

> **Músculos motores primários**
>
> *Flexão de coluna*: reto do abdome, oblíquos externos e oblíquos internos do abdome.

Variações

Posicionamento dos braços: ao lado do tronco, em cima do tronco, atrás da cabeça ou estendidos acima da cabeça, alinhados com o tronco. As diferenças de posicionamento dificultam a ação muscular em virtude do deslocamento do centro de gravidade.

Posicionamento dos membros inferiores: caso os membros inferiores estejam alinhados conforme a figura D, aumenta-se a ação isométrica dos músculos flexores dos quadris (iliopsoas e reto femoral). Ocorre uma redução da ação isométrica dos flexores de quadris quando os membros inferiores estão apoiados em um suporte ou em uma posição com menor ângulo entre coxas e tronco.

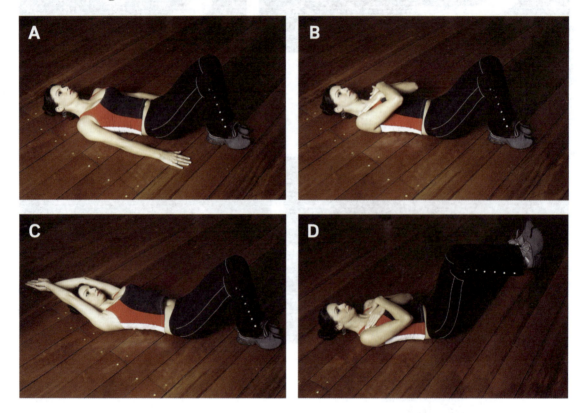

128 | Biomecânica aplicada

Abdominal na máquina

Posição inicial.   Posição final.

Descrição técnica

Ajustes do equipamento

Esse equipamento possibilita o ajuste do suporte de membros inferiores, que deve ser posicionado sobre a articulação do tornozelo.

Ajustes corporais

O executante deve estar sentado, com os membros inferiores em contato com o suporte do equipamento, e as mãos segurando o apoio que está acima da cabeça.

Execução

Partindo da posição inicial, realizar uma flexão de coluna e quadris. Retornar com uma extensão de coluna e de quadris, ao iniciar a próxima repetição.

> **Músculos motores primários**
>
> *Flexão de coluna*: reto do abdome, oblíquos externos e oblíquos internos do abdome.
> *Flexão de quadris*: iliopsoas e reto femoral.

Abdominal na roldana alta

Posição inicial.   Posição final.

Descrição técnica

Ajustes do equipamento

A roldana deve estar na posição alta, alinhada ao tronco do executante e posterior a este.

Ajustes corporais

O executante deve estar ajoelhado no chão ou sentado no banco, com o pegador (triângulo ou corda) próximo do tronco. Seria interessante que, durante a execução do exercício, o cabo estivesse inclinado, tracionando o tronco posteriormente.

Execução

Partindo da posição inicial, realizar uma flexão de coluna. Retornar com uma extensão de coluna até a posição inicial, quando iniciar a próxima repetição. Quando a prioridade forem os músculos abdominais, deve-se evitar a flexão de quadris, bem como a projeção posterior da coluna.

> **Músculos motores primários**
> *Flexão de coluna*: reto do abdome, oblíquos externos e oblíquos internos do abdome.

Variação

Pode-se utilizar o posicionamento inicial para realizar exercícios de flexão e rotação de coluna. Nesse caso, adiciona-se o movimento de rotação de coluna, no qual os músculos atuantes são oblíquos externos e internos do abdome.

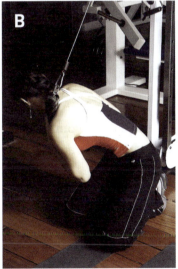

Abdominal nas paralelas

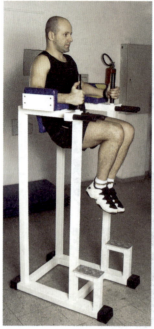 

Posição inicial.   Posição final.

Descrição técnica

Ajustes corporais

O executante deve ficar em suspensão, com os antebraços apoiados no suporte, as regiões lombar e torácica em contato com o apoio posterior. Joelhos e quadris devem estar flexionados a 90°.

Execução

Partindo da posição inicial, realizar a flexão de coluna. Retornar à posição inicial para iniciar a próxima repetição.

> **Músculos motores primários**
> *Flexão de coluna*: reto do abdome, oblíquos externos e oblíquos internos do abdome.

Variação

Pode-se realizar o exercício intensificando a ação muscular. Esse aumento da intensidade deve-se ao incremento de sobrecarga ou à alteração da alavanca corporal (extensão dos joelhos).

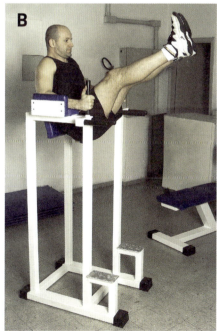

Abdominal no cabo (com banco)

Posição inicial.

Posição final.

Descrição técnica

Ajustes do equipamento

O banco deve estar posicionado à frente do *crossover*. A roldana deve ser regulada em uma altura inferior à do banco.

Ajustes corporais

O executante deve estar em decúbito dorsal no banco e utilizar a corda ou similar perto do tronco.

Execução

Partindo da posição inicial, realizar uma flexão de coluna. Retornar com uma extensão de coluna até as escápulas estarem em contato com o banco, quando se inicia a próxima repetição.

> **Músculos motores primários**
> *Flexão de coluna*: reto do abdome, oblíquos externos e oblíquos internos do abdome.

Variação

Uma variação interessante é o exercício abdominal na roldana alta (p. 128).

Abdominal no solo

Posição inicial.   Posição final.

Descrição técnica

Ajustes corporais

O executante deve estar em decúbito dorsal, com os joelhos flexionados, os pés apoiados no solo e os braços cruzados e apoiados no tronco.

Execução

Partindo da posição inicial, realizar uma flexão de coluna. Retornar com uma extensão de coluna até as escápulas estarem em contato com o solo, quando se inicia a próxima repetição.

> **Músculos motores primários**
>
> *Flexão de coluna*: reto do abdome, oblíquos externos e oblíquos internos do abdome.

Variações

Posicionamento dos braços: podem ser posicionados ao lado do tronco, atrás da cabeça ou estendidos acima da cabeça, alinhados com o tronco. As diferenças de posicionamento dificultam a ação muscular, em virtude do deslocamento do centro de gravidade.

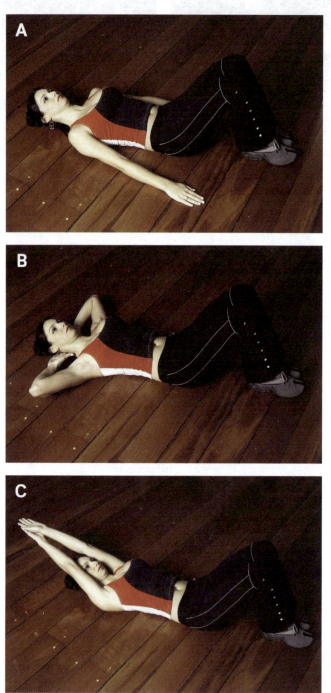

Extensão de coluna

Posição inicial.   Posição final.

Descrição técnica

Ajustes corporais

O executante deve ficar em decúbito ventral.

Execução

Partindo da posição inicial, realizar uma extensão de coluna. Retornar com uma flexão de coluna, quando se inicia a próxima repetição.

> **Músculos motores primários**
>
> *Extensão de coluna*: paravertebrais (grupo eretor da coluna).

Variações

Pode-se realizar o exercício com alteração do posicionamento dos membros superiores, enfatizando alterações na intensidade da ação.

Extensão de coluna e de quadris

Posição inicial.

Posição final.

Descrição técnica

Ajustes do equipamento

Esse equipamento tem ajuste na regulagem de altura referente ao apoio dos membros inferiores.

Ajustes corporais

O executante fica com as coxas apoiadas, os pés fixos no suporte do aparelho e a coluna e os quadris flexionados.

Execução

Partindo da posição inicial, realizar uma extensão de coluna e de quadris até o alinhamento corporal completo. Retornar com a flexão de coluna e de quadris, quando se inicia a próxima repetição.

> **Músculos motores primários**
>
> *Extensão de coluna*: paravertebrais (grupo eretor da coluna), se houver movimento na região da coluna; caso contrário, os músculos eretores da coluna são considerados em isometria.
> *Extensão de quadris*: glúteo máximo e isquiotibiais.

Variação

Pode-se utilizar o posicionamento inicial para realizar o mesmo exercício com o auxílio da bola, aumentando o estresse de estabilização do exercício.

Flexão de coluna e de quadris no solo

Posição inicial.

Posição final.

Descrição técnica

Ajustes corporais

O executante deve estar em decúbito dorsal, com joelhos semiflexionados e os braços cruzados e apoiados no tronco.

Execução

Partindo da posição inicial, realizar uma flexão de coluna e de quadris. Retornar à posição inicial, quando deverá ser realizada a próxima repetição.

> **Músculos motores primários**
> *Flexão de coluna*: reto do abdome, oblíquos externos e oblíquos internos do abdome.
> *Flexão de quadris*: reto femoral e iliopsoas.

Variações

Pode-se realizar o exercício com os braços posicionados no solo, alinhados ao tronco, atrás da cabeça ou estendidos acima da linha da cabeça, aumentando a dificuldade na execução.

Inclinação lateral do tronco (no apoio)

Posição inicial.

Posição final.

Descrição técnica

Ajustes do equipamento

Esse equipamento tem ajuste na regulagem de altura referente ao apoio dos membros inferiores.

Ajustes corporais

O executante deve estar apoiado lateralmente na altura dos quadris, com o tronco ereto. Os pés devem estar fixos no suporte do equipamento.

Execução

Partindo da posição inicial, realizar uma inclinação lateral de coluna. Retornar até assumir a posição inicial, quando se inicia a próxima repetição.

> **Músculos motores primários**
> *Inclinação lateral de coluna*: oblíquo interno e externo do abdome, quadrado do lombo.

Variações

Posicionamento dos braços: podem ser posicionados ao lado do tronco, à frente do tronco, cruzados à frente do tronco ou estendidos acima da cabeça, no prolongamento do tronco. As diferenças de posicionamento dificultam a ação muscular em virtude do deslocamento do centro de gravidade.

Outra variação seria realizar o exercício com ambos os pés apoiados no solo e os joelhos flexionados.

Sugere-se, também, realizar o exercício em decúbito lateral, em um banco reto, e realizar a inclinação lateral. Nesse caso, os músculos que atuam pela inclinação lateral seriam os oblíquos interno e externo e o quadrado do lombo do lado do movimento.

Inclinação lateral (com halteres)

Posição inicial. Posição final.

Descrição técnica

Ajustes corporais

O executante deve estar em pé, segurando o halter com uma das mãos.

Execução

Partindo da posição inicial, realizar uma inclinação lateral de coluna. Retornar até a posição inicial, quando se inicia a próxima repetição. O executante deve inclinar a coluna e retornar na posição neutra.

> **Músculos motores primários**
> *Inclinação lateral de coluna*: oblíquo interno e externo do abdome, quadrado do lombo.

Inclinação lateral na roldana baixa

Posição inicial.

Posição final.

Descrição técnica

Ajustes do equipamento

Esse equipamento tem ajuste na regulagem de altura referente à localização inferior da roldana.

Ajustes corporais

O executante deve estar em pé, posicionado lateralmente à roldana e segurando o pegador com uma das mãos. Pode-se realizar completa amplitude.

Execução

Partindo da posição inicial, realizar uma inclinação lateral de coluna. Retornar à posição inicial e iniciar a próxima repetição.

> **Músculos motores primários**
> *Inclinação lateral de coluna*: oblíquo interno e externo do abdome, quadrado do lombo.

Membros inferiores

Abdutora com caneleira

Posição inicial. Posição final.

Descrição técnica

Ajustes corporais

Este exercício requer que o tronco e a cabeça permaneçam alinhados. Para isso, uma das mãos pode ou não apoiar a cabeça e a outra auxilia na estabilização lateral do tronco.

Para a manutenção do tronco alinhado, a perna que não executa a abdução permanece apoiada no chão em semiflexão. Deve-se evitar a rotação do tronco, para buscar maior amplitude.

Execução

Partindo da posição inicial, realizar uma abdução de quadril. Retornar à posição inicial e iniciar a próxima repetição.

> **Músculos motores primários**
> *Abdução de quadril*: glúteo médio e mínimo, tensor da fáscia lata.

Variação

Uma variação desse exercício é realizar a abdução de quadril com o joelho em flexão.

Adutora com caneleira

Posição inicial.

Posição final.

Descrição técnica

Ajustes corporais

Este exercício requer que o tronco e a cabeça permaneçam alinhados. Para isso, uma das mãos apoia a cabeça e a outra mantém a estabilidade lateral do tronco.

Para a manutenção do tronco alinhado, a perna que não executa a adução permanece cruzada à frente da outra.

Execução

Partindo da posição inicial, realizar uma adução de quadril. Retornar à posição inicial e iniciar a próxima repetição.

> **Músculos motores primários**
> *Abdução de quadril:* adutor magno, adutor longo, adutor curto, grácil e pectíneo.

Nesse exercício, pode-se optar em manter o joelho fletido, reduzindo a participação do músculo grácil.

Variação

Outra variação do exercício é realizar a adução de quadril com o membro inferior flexionado posicionado atrás da perna que executa o movimento.

Exercícios | 147

Afundo com *dumbbell*

Posição inicial.

Posição final.

Descrição técnica

Ajustes corporais

O executante deve permanecer com o tronco alinhado verticalmente, os membros inferiores posicionados anteroposteriormente e afastados na largura dos quadris.

Execução

O movimento de descida deve ser realizado até que o joelho do membro inferior posicionado posteriormente esteja próximo do chão. A posição final deve atingir um ângulo próximo de 90° nas articulações dos joelhos.

> **Músculos motores primários**
>
> *Extensão de quadris*: glúteo máximo e isquiotibiais (semitendíneo, semimembranáceo e bíceps femoral). Em razão do caráter biarticular dos isquiotibiais (com exceção da cabeça curta do bíceps femoral), esses músculos têm menor participação em ambas as pernas.
> *Extensão de joelhos*: quadríceps femoral (reto femoral, vasto medial, vasto intermédio e vasto lateral). A ação do quadríceps femoral neste exercício é alta em ambas as coxas.
> *Extensão de tornozelos*: tríceps sural (gastrocnêmio lateral, gastrocnêmio medial e sóleo). Os músculos isquiotibiais, gastrocnêmios e reto femoral têm caráter biarticular, portanto, apresentam menor participação no exercício.

Variação

Uso de barra longa.

Afundo no Smith

Posição inicial. Posição final.

Descrição técnica

Ajustes corporais

O executante deve permanecer com o tronco alinhado verticalmente na linha do trilho, com os membros inferiores posicionados anteroposteriormente e afastados na largura dos quadris.

Execução

O movimento de descida deve ser realizado até que o joelho do membro inferior posicionado posteriormente esteja próximo do chão. A posição final deve atingir um ângulo próximo de 90° nas articulações dos joelhos.

> **Músculos motores primários**
>
> *Extensão de quadris*: glúteo máximo e isquiotibiais (semitendíneo, semimembranáceo e bíceps femoral). Em razão do caráter biarticular dos isquiotibiais (com exceção da cabeça curta do bíceps femoral), esses músculos têm menor participação em ambas as pernas.
> *Extensão de joelhos*: quadríceps femoral (reto femoral, vasto medial, vasto intermédio e vasto lateral). A ação do quadríceps femoral neste exercício é alta em ambas as coxas.
> *Extensão de tornozelos*: tríceps sural (gastrocnêmio lateral, gastrocnêmio medial e sóleo). Os músculos isquiotibiais, gastrocnêmios e reto femoral têm caráter biarticular, portanto, apresentam menor participação no exercício.

Agachamento livre

Posição inicial.   Posição final.

Descrição técnica

Ajustes corporais

O executante deve permanecer com o tronco e membros inferiores alinhados verticalmente. A barra deve permanecer próxima à primeira vértebra torácica (T1), apoiada sobre o músculo trapézio. Os membros inferiores podem estar afastados na largura dos quadris.

Execução

O movimento de descida deve ser realizado até que as coxas e as pernas formem um ângulo próximo de 90° em relação ao chão, ou até que as coxas fiquem paralelas ao solo.

> **Músculos motores primários**
>
> *Extensão de quadris*: glúteo máximo e isquiotibiais (semitendíneo, semimembranáceo e bíceps femoral). Em razão do caráter biarticular dos isquiotibiais (com exceção da cabeça curta do bíceps femoral), esses músculos têm menor participação em ambas as pernas.
> *Extensão de joelhos*: quadríceps femoral (reto femoral, vasto medial, vasto intermédio e vasto lateral).
> *Extensão de tornozelos*: tríceps sural (gastrocnêmio lateral, gastrocnêmio medial e sóleo).

Variações

O posicionamento dos pés (rotação externa de quadris) não interfere no movimento nas articulações de quadris e de joelhos, entretanto, essa posição aumenta a participação dos músculos adutor magno, adutor longo e adutor curto, grácil e pectíneo, em razão da ocorrência de adução de quadris na ação concêntrica do movimento.

Agachamento no Smith

Posição inicial. Posição final.

Descrição técnica

Ajustes corporais

O executante deve permanecer com o tronco alinhado ao trilho. Os membros inferiores podem estar afastados na largura dos quadris.

Execução

O movimento de descida deve ser realizado até que as coxas atinjam um ângulo de 90° em relação à perna, ou até que as coxas fiquem paralelas ao solo.

> **Músculos motores primários**
>
> *Extensão de quadris*: glúteo máximo e isquiotibiais (semitendíneo, semimembranáceo e bíceps femoral). Em razão do caráter biarticular dos isquiotibiais (com exceção da cabeça curta do bíceps femoral), esses músculos têm menor participação em ambas as pernas.
>
> *Extensão de joelhos*: quadríceps femoral (reto femoral, vasto medial, vasto intermédio e vasto lateral).
>
> *Extensão de tornozelos*: tríceps sural (gastrocnêmio lateral, gastrocnêmio medial e sóleo). Os músculos isquiotibiais, gastrocnêmios e reto femoral têm caráter biarticular, portanto, apresentam menor participação no exercício.

Variações

Uma variação desse exercício é iniciar o movimento com os pés à frente do alinhamento do tronco. Nesse caso, a amplitude articular do quadril diminui.

Agachamento com a posição inicial dos pés à frente.

O posicionamento dos pés em rotação externa do quadril não interfere nos músculos atuantes nas articulações de quadris (extensão) e de joelhos (extensão), entretanto, essa posição aumenta a participação dos músculos adutor magno, adutor longo e adutor curto, grácil e pectíneo, em virtude do acréscimo do movimento de adução de quadris.

Agachamento estilo Sumô.

Avanço com *dumbbell*

Posição inicial.   Posição final.

Descrição técnica

Ajustes corporais

O executante deve permanecer com o tronco ereto e os membros inferiores afastados na largura dos quadris.

Execução

Dar um passo amplo à frente e realizar o movimento de descida até que o joelho da perna que está atrás esteja posicionado próximo do chão. A posição final deve atingir um ângulo próximo de 90° nas articulações dos joelhos.

> **Músculos motores primários**
>
> *Extensão de quadris*: glúteo máximo e isquiotibiais (semitendíneo, semimembranáceo e bíceps femoral). Em razão do caráter biarticular dos isquiotibiais (com exceção da cabeça curta do bíceps femoral), esses músculos têm menor participação em ambas as pernas.
>
> *Extensão de joelhos*: quadríceps femoral (reto femoral, vasto medial, vasto intermédio e vasto lateral). A ação do quadríceps femoral neste exercício é alta em ambas as coxas.
>
> *Extensão de tornozelos*: tríceps sural (gastrocnêmio lateral, gastrocnêmio medial e sóleo). Os músculos isquiotibiais, gastrocnêmios e reto femoral têm caráter biarticular, portanto, apresentam menor participação no exercício.

Variação

Uso de barra longa.

"Burrico"

Posição inicial. Posição final.

Descrição técnica

Ajustes corporais

O tronco deve permanecer inclinado à frente (flexão de quadris) e ereto. Apenas o antepé deve ser colocado na plataforma. Os joelhos podem permanecer semiflexionados.

Execução

Partindo da posição inicial, realizar uma flexão plantar. Retornar até a posição inicial, quando se inicia a próxima repetição.

> **Músculos motores primários**
> *Flexão plantar:* tríceps sural (gastrocnêmio lateral, gastrocnêmio medial e sóleo).

Cadeira abdutora

Posição inicial.   Posição final.

Descrição técnica

Ajuste do equipamento

O apoio do banco e o posicionamento dos pés devem ser ajustados para que a maior parte da região distal da coxa esteja apoiada no suporte lateral.

Execução

Partindo da posição inicial, realizar uma abdução de quadris. Retornar até a posição inicial e iniciar a próxima repetição.

> **Músculos motores primários**
> *Abdução de quadris:* tensor da fáscia lata, glúteo médio e mínimo.

Variação

Uma possível variação é realizar o movimento de abdução de quadris com o tronco inclinado à frente, o que provoca o afastamento entre a origem e a inserção do glúteo máximo. Dessa forma, ocorre o aumento da ativação das fibras superiores do glúteo máximo.

Cadeira adutora

Posição inicial. Posição final.

Descrição técnica

Ajustes do equipamento

O apoio do banco e o posicionamento dos pés devem ser ajustados para que a maior parte da região distal da coxa esteja apoiada no suporte lateral. A amplitude inicial da máquina deve ser ajustada, respeitando a condição de flexibilidade do aluno.

Ajustes corporais

Na posição inicial, o executante deverá estar sentado no aparelho, com os membros inferiores afastados (abdução do quadril) e com as partes internas das pernas (ou internas e distais das coxas, a depender do modelo do equipamento) em contato com os braços da máquina.

Execução

Partindo da posição inicial, realizar uma adução de quadris. Retornar até a posição inicial e iniciar a próxima repetição.

> **Músculos motores primários**
> *Adução de quadris:* adutor magno, adutor longo, adutor curto, grácil e pectíneo.

Variação

Caso o equipamento não permita que os joelhos fiquem flexionados durante a realização do exercício, isso implica um maior distanciamento entre os pontos de fixação do músculo grácil.

Cadeira extensora

Posição inicial.   Posição final.

Descrição técnica

Ajustes do equipamento

O ajuste do banco está relacionado ao posicionamento da articulação do joelho próximo do eixo de rotação do equipamento, evitando que o apoio role por cima da tíbia. O ajuste do suporte no membro inferior deve estar posicionado próximo da articulação do tornozelo (intermaleolar), evitando que forças aplicadas no pé forcem a articulação do tornozelo (em flexão plantar).

Ajustes corporais

O executante deve manter o tronco apoiado no encosto do banco e posicionar as mãos no suporte específico.

Execução

Partindo da posição inicial, realizar a extensão de joelhos. Retornar à posição inicial.

> **Músculos motores primários**
>
> *Extensão de joelho*: quadríceps femoral (reto femoral, vasto medial, vasto intermédio e vasto lateral).
> Na posição sentada, o quadril está flexionado, aproximando os pontos de fixação do reto femoral.
> O músculo reto femoral tem caráter biarticular, portanto, apresenta menor participação no exercício.

Variações

As variações realizadas executando rotações (internas ou externas), na articulação do joelho, ocorrem apenas quando a articulação está flexionada. Desse modo, quando o joelho realiza a extensão, as rotações tendem a retornar para a posição neutra.

Posicionamento dos pés e da coxa.

Cadeira flexora

Posição inicial.   Posição final.

Descrição técnica

Ajustes do equipamento

Para ajuste do apoio, deve-se posicionar a da articulação do joelho próximo ao eixo de rotação do equipamento, evitando que o apoio role em cima da perna. O ajuste do suporte no membro inferior deve estar posicionado próximo da articulação do tornozelo. O braço de fixação da coxa deve ser ajustado na região suprapatelar, de modo a evitar que a coxa perca o contato com o banco, durante a realização do exercício.

Ajustes corporais

O executante deve manter o tronco apoiado no encosto do banco e posicionar as mãos no suporte específico.

Execução

Partindo da posição inicial, realizar a flexão de joelhos. Retornar à posição inicial.

> **Músculos motores primários**
> *Flexão dos joelhos*: isquiotibiais (semitendíneo, semimembranáceo e bíceps femoral).

Na posição sentada, os quadris estão em flexão, fazendo os músculos semitendíneo, semimembranáceo e a cabeça longa do bíceps femoral, que são biarticulares, ficarem com suas origens e inserções afastadas. Pelo fato de a cabeça curta do bíceps femoral ser monoarticular (atravessando apenas a articulação do joelho), ela não sofre nenhuma alteração quanto ao seu comprimento.

Variações

As variações realizadas estão relacionadas ao posicionamento da articulação dos tornozelos. Em flexão plantar, ocorre a aproximação entre a origem e a inserção dos gastrocnêmios (lateral e medial), ao passo que, em dorsiflexão, ocorre o afastamento entre ambas. Como os gastrocnêmios atuam na flexão de joelhos, pode-se ter alteração em sua participação quando se utiliza uma dessas formas.

Flexão de joelhos associada à dorsiflexão (A) e à flexão plantar (B).

Extensão de quadril na inversora

Posição inicial.

Posição final.

Descrição técnica

Ajustes do equipamento

O ajuste inferior do equipamento deve ser regulado, para que ele esteja próximo da articulação do tornozelo. Outro ajuste necessário é a altura do apoio para as coxas, devendo permitir o maior contato possível, sem que este atrapalhe o movimento de flexão de quadril.

Execução

Partindo da posição inicial, realizar a extensão de quadril. Retornar à posição inicial.

> **Músculos motores primários**
> *Extensão de quadril*: glúteo máximo e isquiotibiais (semitendíneo, semimembranáceo e bíceps femoral).

Extensora de tornozelos

Posição inicial.

Posição final.

Descrição técnica

Ajustes do equipamento

O equipamento deve estar apoiado na região do ombro, permitindo que o aluno permaneça na posição vertical.

Ajustes corporais

Apenas o antepé deve estar posicionado na plataforma. Os joelhos podem permanecer semiflexionados ou estendidos.

Execução

O executante deve realizar a flexão plantar e retornar à posição inicial.

> **Músculos motores primários**
> *Flexão plantar:* tríceps sural (gastrocnêmio lateral, gastrocnêmio medial e sóleo).

Deve-se lembrar que a alteração no posicionamento dos pés (rotação interna ou externa da articulação dos quadris) não influencia a ação do tríceps sural.

Flexão de quadris nas paralelas

Posição inicial. Posição final.

Descrição técnica

Ajustes corporais

O executante deve manter o tronco em contato com o encosto do banco e posicionar as mãos e o antebraço no apoio específico. Os membros inferiores devem estar estendidos na vertical, sem apoio.

Execução

O executante deve realizar a flexão dos quadris e dos joelhos, retornando à sua posição inicial.

> **Músculos motores primários**
> *Flexão de quadris*: reto femoral e iliopsoas.

Variação

Uma variação utilizada é a realização desse exercício sem a flexão de joelhos, aumentando, dessa forma, a alavanca corporal e a intensidade do exercício para os músculos flexores dos quadris.

Flexão de quadris nas paralelas com extensão de joelhos.

Flexão de quadris (no solo)

Posição inicial.

Posição final.

Descrição técnica

Ajustes corporais

O executante deve manter o tronco e a cabeça apoiados no solo. Os membros inferiores podem estar semiflexionados ou estendidos.

Execução

Partindo da posição inicial, realizar a flexão de quadris, retornando à posição de origem antes que os membros inferiores atinjam a vertical. Nesse exercício, os pés não devem tocar o solo.

> **Músculos motores primários**
> *Flexão de quadris*: reto femoral e iliopsoas.

Variação

Uma variação utilizada é a realização desse exercício com a flexão de joelhos, reduzindo, dessa forma, a alavanca corporal e a intensidade do exercício para os músculos flexores dos quadris.

Flexão de quadris com flexão dos joelhos (associadas à flexão de coluna).

Flexão de tornozelos

Posição inicial.

Posição final.

Descrição técnica

Ajustes do equipamento

Posicionar a roldana na posição baixa.

Ajustes corporais

O executante deve posicionar-se de forma a iniciar o movimento em extensão de tornozelos.

Execução

Partindo da posição inicial, realizar a flexão de tornozelos e retornar à posição inicial.

> **Músculos motores primários**
> *Flexão de tornozelos*: tibial anterior e fibular terceiro.

Variações

As variações são realizadas com diferentes sobrecargas (usando elásticos ou caneleiras, por exemplo).

Flexão plantar no *leg press*

Posição inicial.

Posição final.

Descrição técnica

Ajustes corporais

Apenas o antepé deve ser colocado na plataforma. Os joelhos podem permanecer semiflexionados ou estendidos.

Execução

O executante deve realizar a flexão plantar e retornar à posição inicial.

> **Músculos motores primários**
> *Flexão plantar*: tríceps sural (gastrocnêmio lateral, gastrocnêmio medial e sóleo).

Glúteo com caneleira

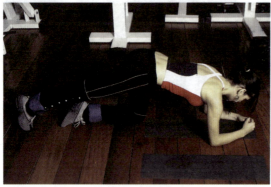 

Posição inicial.   Posição final.

Descrição técnica

Ajustes corporais

O executante deve estar em quatro apoios. O membro inferior que irá executar o exercício deve estar com o joelho estendido. O tronco deve estar alinhado com a cabeça.

Execução

O executante deve realizar a extensão de quadril até o membro inferior atingir, aproximadamente, o alinhamento de tronco e cabeça. Deve-se ficar atento ao movimento executado em grandes amplitudes, pois, nesse caso, pode ocorrer a extensão da coluna lombar.

> **Músculos motores primários**
>
> *Extensão de quadril*: glúteo máximo e isquiotibiais (semitendíneo, semimembranáceo e bíceps femoral - cabeça longa).

Variações

Uma possível variação do exercício está relacionada ao posicionamento do membro inferior durante o movimento.

A rotação externa de quadril ativa os músculos glúteo máximo, sartório, bíceps femoral, além de seis rotadores externos (piriforme, obturadores externo e interno, gêmeos superior e inferior, quadrado femoral).

Extensão de quadril com rotação externa.

A rotação interna ativa os músculos glúteos médio e mínimo, adutores longo e magno, grácil, semimembranáceo, semitendíneo e tensor da fáscia lata.

Extensão de quadril com rotação interna.

Outra possível variação é realizar o movimento de extensão de quadril com os joelhos em flexão. Nesse caso, os isquiotibiais têm suas origens e inserções aproximadas.

Extensão de quadril com os joelhos em flexão.

Pode-se, ainda, realizar a extensão de quadril no Smith, o que faz o exercício tornar-se multiarticular, com ação predominante do glúteo máximo e do quadríceps femoral.

Extensão de quadril no Smith.

Glúteo na máquina

Posição inicial.

Posição final.

Descrição técnica

Ajustes do equipamento

O ajuste do apoio abdominal deve ter como parâmetro de altura o ponto no qual tronco e perna formem um ângulo próximo de 90°.

O pé deverá estar apoiado no suporte, a uma distância em que os joelhos se mantenham semiflexionados. Em alguns modelos de equipamento, o suporte é de coxa e deve ser posicionado na altura da fossa poplítea, sendo ajustado em distância e altura.

Ajustes corporais

O aluno deve estar posicionado no aparelho com a coluna alinhada e os membros inferiores semiflexionados.

Execução

O executante deve realizar a extensão de quadril e de joelho.

> **Músculos motores primários**
>
> *Extensão de quadril*: glúteo máximo e isquiotibiais (semitendíneo, semimembranáceo e bíceps femoral - cabeça longa). Em razão do caráter biarticular dos isquiotibiais (com exceção da cabeça curta do bíceps femoral), esses músculos têm menor participação em ambas as pernas.
>
> *Extensão de joelho*: quadríceps femoral.

Hack na máquina

Posição inicial. Posição final.

Descrição técnica

Ajustes do equipamento

O apoio de tronco pode ser ajustado de acordo com a estatura do executante, evitando que a posição inicial sobrecarregue a articulação do joelho.

Ajustes corporais

Os pés devem estar apoiados na plataforma e podem estar afastados na largura dos quadris. As mãos devem segurar no suporte específico, e a cabeça deve estar recostada no apoio.

Execução

O movimento de descida deve ser realizado até que as coxas e as pernas formem um ângulo de cerca de 90°.

> **Músculos motores primários**
> *Extensão de quadris*: glúteo máximo e isquiotibiais (semitendíneo, semimembranáceo e bíceps femoral - cabeça longa). Em razão do caráter biarticular dos isquiotibiais (com exceção da cabeça curta do bíceps femoral), esses músculos têm menor participação em ambas as pernas.
> *Extensão de joelho*: quadríceps femoral (reto femoral, vasto medial, vasto intermédio e vasto lateral).
> *Extensão de tornozelo*: tríceps sural (gastrocnêmio lateral, gastrocnêmio medial e sóleo). Os músculos isquiotibiais, gastrocnêmios e reto femoral têm caráter biarticular, portanto, apresentam menor participação no exercício.

Variação

O posicionamento dos pés em rotação externa dos quadris não interfere nos músculos atuantes nas articulações de quadris (extensão) e de joelhos (extensão), entretanto, essa posição aumenta a participação dos músculos adutor magno, adutor longo e adutor curto, grácil e pectíneo, em razão do acréscimo do movimento de adução de quadris.

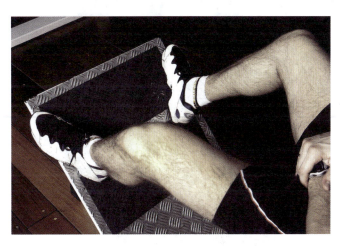

Leg Press 45°

Posição inicial.

Posição final.

Descrição técnica

Ajustes do equipamento

Um dos ajustes do *leg press* 45° é a inclinação do apoio do banco, que pode aumentar ou diminuir a amplitude do movimento dos quadris. Outro ajuste é a altura inicial da plataforma, que deve ser posicionada com base no tamanho dos membros inferiores do executante.

Ajustes corporais

Os pés devem estar apoiados na plataforma e podem estar afastados na largura dos quadris.

Execução

O movimento de descida deve ser realizado até que as coxas e as pernas formem um ângulo de cerca de 90°. Deve-se evitar a extensão completa dos joelhos, em virtude da diminuição da ação dos extensores dos joelhos e do possível "impacto" articular.

> **Músculos motores primários**
> *Extensão de quadris*: glúteo máximo e isquiotibiais (semitendíneo, semimembranáceo e bíceps femoral). Em razão do caráter biarticular dos isquiotibiais (com exceção da cabeça curta do bíceps femoral), esses músculos têm menor participação em ambas as pernas.
> *Extensão de joelhos*: quadríceps femoral (reto femoral, vasto medial, vasto intermédio e vasto lateral).
> *Extensão de tornozelos*: tríceps sural (gastrocnêmio lateral, gastrocnêmio medial e sóleo).
> Os músculos isquiotibiais, gastrocnêmios e reto femoral têm caráter biarticular, portanto, apresentam menor participação no exercício.

Variações

O posicionamento dos pés pode ser realizado em diferentes alturas. Quanto mais alta a colocação dos pés na plataforma, maior será a flexão inicial de quadris. O posicionamento dos pés em rotação externa de quadris não interfere nos músculos atuantes nas articulações de quadris (extensão) e de joelhos (extensão), entretanto, essa posição aumenta a participação dos músculos adutor magno, adutor longo e adutor curto, grácil e pectíneo, em razão do acréscimo do movimento de adução de quadris.

Exercícios | 179

Mesa flexora

Posição inicial.   Posição final.

Descrição técnica

Ajustes do equipamento

Para ajuste do apoio deve-se posicionar a articulação do joelho próximo ao eixo de rotação do equipamento, evitando que o apoio role em cima da perna. O ajuste do suporte, nos membros inferiores, deve ser posicionado próximo da articulação do tornozelo, evitando que o apoio role por cima do tríceps sural ou que fique perto do calcanhar.

Ajustes corporais

O aluno deve estar em decúbito ventral. As coxas devem permanecer apoiadas no banco, entretanto, a patela deve estar fora dele, para evitar compressão (patela/banco) no movimento de flexão dos joelhos. Contudo, a borda superior da patela deve estar perto do final do banco, evitando que a maior parte da coxa fique fora dele. A inclinação do banco na altura do quadril evita o movimento de extensão da coluna.

Execução

Partindo da posição inicial, realizar a flexão de joelhos e retornar à posição de origem.

> **Músculos motores primários**
>
> *Flexão dos joelhos*: isquiotibiais (semitendíneo, semimembranáceo e bíceps femoral), gastrocnêmios (lateral e medial).

Variações

As variações realizadas estão relacionadas ao posicionamento da articulação dos tornozelos e dos joelhos:

- *Tornozelos*: em flexão plantar, ocorre a aproximação entre a origem e a inserção dos gastrocnêmios (lateral e medial), ao passo que, em dorsiflexão, ocorre o afastamento entre ambas. Como os gastrocnêmios trabalham durante a flexão de joelhos, pode-se ter alteração em sua participação quando se utiliza uma dessas formas.
- *Joelhos*: a rotação interna aumenta a ação dos músculos semitendíneo e semimembranáceo. A rotação externa aumenta a ação do músculo bíceps femoral.

Flexão de joelhos associada à flexão plantar e à dorsiflexão, respectivamente.

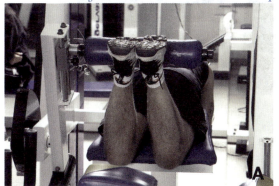

Flexão de joelhos associada às rotações interna e externa, respectivamente.

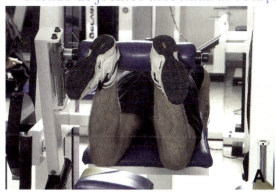
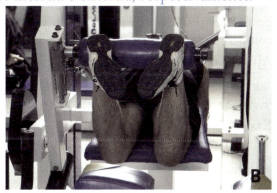

Pressão de sóleos

Posição inicial.

Posição final.

Descrição técnica

Ajustes do equipamento

O suporte do equipamento apoiado nos joelhos deve ser regulado de acordo com o comprimento do segmento da perna do executante e posicionado, na região suprapatelar.

Ajustes corporais

Apenas o antepé deve ser colocado na plataforma. A coluna deve permanecer ereta, evitando seu deslocamento anteroposterior durante a execução do exercício.

Execução

O executante pode iniciar o exercício com a região calcânea mais baixa do que o apoio dos pés e realizar a flexão plantar. Retornar, então, à posição inicial.

Músculos motores primários

Flexão plantar: tríceps sural (gastrocnêmio lateral, gastrocnêmio medial e sóleo). Em razão do caráter biarticular dos gastrocnêmios, esses músculos têm menor participação em ambas as pernas em relação ao sóleo.

Deve-se lembrar que o exercício pode ser realizado com a rotação interna ou externa na articulação dos joelhos.

Variações

Uma possível variação é realizar o movimento de flexão plantar com rotação de joelhos.

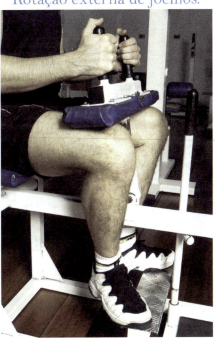

Rotação externa de joelhos.

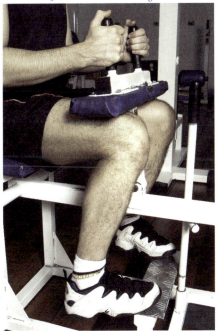

Rotação interna de joelhos.

Recuo com *dumbbell*

Posição inicial.   Posição final.

Descrição técnica

Ajustes corporais

O executante deve permanecer com o tronco alinhado verticalmente, os membros inferiores posicionados paralelamente e afastados na largura dos quadris.

Execução

O exercício tem duas fases distintas. Na primeira, um dos pés deve ser projetado posteriormente, até seu contato com o solo. Após o contato do pé, inicia-se a segunda fase, na qual o movimento de descida deve ser realizado até que o joelho da perna posterior esteja próximo do chão. A posição final deve atingir um ângulo próximo de 90° nas articulações dos joelhos, como mostra a figura. O exercício pode ser realizado com os membros inferiores sendo alternados ou priorizando um membro de cada vez.

> **Músculos motores primários**
>
> *Extensão de quadris*: glúteo máximo e isquiotibiais (semitendíneo, semimembranáceo e bíceps femoral). Em razão do caráter biarticular dos isquiotibiais (com exceção da cabeça curta do bíceps femoral), esses músculos têm menor participação em ambas as pernas.
> *Extensão de joelhos*: quadríceps femoral (reto femoral, vasto medial, vasto intermédio e vasto lateral). A ação do quadríceps femoral neste exercício é alta em ambas as coxas.
> *Extensão de tornozelos*: tríceps sural (gastrocnêmio lateral, gastrocnêmio medial e sóleo). Os músculos isquiotibiais, gastrocnêmios e reto femoral têm caráter biarticular, portanto, apresentam menor participação no exercício.

Recuo no Smith

Posição inicial. Posição final.

Descrição técnica

Ajustes do equipamento
A barra deve estar posicionada sobre o músculo trapézio.

Ajustes corporais
Os membros inferiores devem ser posicionados à frente do alinhamento do tronco, de maneira que o corpo fique levemente inclinado. O executante deve permanecer com os membros inferiores posicionados paralelamente e afastados na largura dos quadris.

Execução
O exercício tem duas fases distintas. Na primeira, um dos pés deve ser projetado posteriormente até seu contato com o solo. Após o contato do pé, inicia-se a segunda fase, na qual o movimento de descida deve ser realizado até que o joelho da perna posterior esteja próximo do chão. A posição final deve atingir um ângulo próximo de 90° nas articulações dos joelhos. O exercício pode ser realizado com os membros inferiores sendo alternados ou priorizando um membro de cada vez.

> **Músculos motores primários**
> *Extensão de quadris*: glúteo máximo e isquiotibiais (semitendíneo, semimembranáceo e bíceps femoral). Em razão do caráter biarticular dos isquiotibiais (com exceção da cabeça curta do bíceps femoral), esses músculos têm menor participação em ambas as pernas.
> *Extensão de joelhos*: quadríceps femoral (reto femoral, vasto medial, vasto intermédio e vasto lateral). A ação do quadríceps femoral neste exercício é alta em ambas as coxas.
> *Extensão de tornozelos*: tríceps sural (gastrocnêmio lateral, gastrocnêmio medial e sóleo). Os músculos isquiotibiais, gastrocnêmios e reto femoral têm caráter biarticular, portanto, apresentam menor participação no exercício.

Stiff

Posição inicial.   Posição final.

Descrição técnica

Ajustes corporais

Em geral, esse exercício é realizado em cima de um *step* (ou similar) possibilitando maior amplitude para o movimento dos quadris, podendo ser realizado tanto com halteres quanto com barra longa. Evitar movimentos da coluna vertebral.

Execução

O exercício deve respeitar a amplitude de execução do aluno, evitando a flexão da coluna ou a flexão dos joelhos durante a execução.

> **Músculos motores primários**
>
> *Extensão de quadril*: glúteo máximo e isquiotibiais (semitendíneo, semimembranáceo e bíceps femoral - cabeça longa).

Variações

Uma possível variação é realizar o movimento de extensão de quadris com os joelhos semiflexionados. Nesse caso, os músculos isquiotibiais têm suas origens e inserções aproximadas, o que reduz sua participação.

Stiff com os joelhos semiflexionados.

Syssi Squat

Posição inicial.   Posição final.

Descrição técnica

Ajustes corporais

O executante deve permanecer em pé, um dos braços deve segurar no apoio; e o outro, a anilha. O tronco deve permanecer estável e sem grandes oscilações.

Execução

Inclinar o tronco para trás, realizando uma flexão dos joelhos.

Após isso, o executante deve realizar a extensão dos joelhos, retornando à posição inicial. O peso (anilha) deve descrever uma trajetória linear e vertical.

> **Músculos motores primários**
>
> *Extensão de joelho*: quadríceps femoral (reto femoral, vasto medial, vasto intermédio e vasto lateral).

Membros superiores

Barra fixa com pegada aberta

Posição inicial.

Posição final.

Descrição técnica

Ajustes corporais

A pegada deve ser afastada, de forma que, na puxada, o ângulo formado entre braços e antebraços seja de cerca de 90°. Deve-se posicionar o tronco próximo da linha da barra durante a execução.

Execução

O movimento de subida deve ser realizado até as mãos ficarem mais baixas do que a cabeça (na altura da coluna cervical). Retornando até a extensão dos cotovelos. Recomenda-se evitar a oscilação do corpo durante a realização do exercício.

> **Músculos motores primários**
> *Adução de ombros*: latíssimo do dorso, redondo maior, peitoral maior (parte abdominal).
> *Rotação inferior de escápulas*: peitoral menor, romboide maior e trapézio (parte ascendente).
> Flexão de cotovelos: bíceps braquial, braquial anterior e braquiorradial.

Variação

O exercício pode ser realizado com o posicionamento do tronco à frente da barra.

Barra fixa com pegada fechada

Posição inicial.

Posição final.

Descrição técnica

Ajustes corporais

O ajuste de pegada deve ser na linha dos ombros.

Execução

O movimento de subida deve ser realizado até as mãos ficarem mais baixas do que a cabeça (na altura da coluna cervical). Retornar até a extensão dos cotovelos. Recomenda-se minimizar a oscilação do corpo durante a realização do exercício.

> **Músculos motores primários**
> *Extensão de ombros*: latíssimo do dorso, redondo maior, peitoral maior (parte abdominal).
> *Depressão de escápulas*: peitoral menor e trapézio ascendente.
> Flexão de cotovelos: bíceps braquial, braquial anterior e braquiorradial.

Variações

O exercício pode ser realizado com diferentes pegadas (pronada ou neutra).

Pegada pronada.

Pegada neutra.

Barra fixa no Gravitron

Posição inicial.

Posição final.

Descrição técnica

Ajustes corporais

O executante fica em suspensão, com os membros inferiores apoiados na base móvel, evitando apenas se posicionar à frente da linha de pegada.

Execução

O movimento de subida deve ser realizado até a cabeça ultrapassar a altura das mãos. Em seguida, descer até que os cotovelos fiquem totalmente estendidos (evitando o "impacto" articular).

> **Músculos motores primários**
>
> *Adução de ombros*: latíssimo do dorso, redondo maior, peitoral maior (parte abdominal).
> *Rotação inferior de escápulas*: peitoral menor, romboide maior e trapézio (parte ascendente).
> Flexão de cotovelos: bíceps braquial, braquial anterior e braquiorradial.

Variações

As pegadas podem ser com a articulação radioulnar proximal em supinação, pronação ou, ainda, em uma posição intermediária (pegada neutra). Nas pegadas pronada e neutra, o músculo braquiorradial tem uma ação maior do que na pegada supinada.

Pegada supinada.

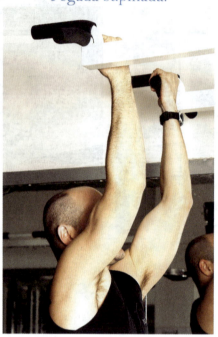

Pegada neutra.

Chest press

Posição inicial. Posição final.

Descrição técnica

Ajustes do equipamento

Esse equipamento apresenta regulagem da altura do banco, que deve ser ajustado para que o pegador fique na linha do ponto médio do esterno.

Ajustes corporais

O indivíduo deve permanecer sentado, com os pés apoiados no solo ou no suporte, de forma que o ângulo entre tronco e coxas aproxime-se de 90°. As articulações de punhos, de cotovelos e de ombros devem estar alinhadas no plano horizontal.

Execução

Realizar a flexão horizontal de ombros e retornar à posição inicial.

> **Músculos motores primários**
> *Flexão horizontal de ombros*: peitoral maior, deltoide (parte anterior) e coracobraquial.
> *Abdução de escápulas*: peitoral menor e serrátil anterior.
> *Extensão de cotovelos*: tríceps braquial e ancôneo.

Variação

O exercício também pode ser realizado com a pegada próxima (fechada), que aumenta a amplitude de movimento na articulação de cotovelos e, consequentemente, intensifica a solicitação muscular nessa articulação.

Crossover

Posição inicial. Posição final.

Descrição técnica

Ajustes do equipamento

Esse equipamento pode, ou não, ter a coluna ajustável. Quando tem, para realizar o exercício, deve-se regular na maior altura, de forma que esta permita ao executante tracionar o puxador para baixo. Isso favorece a adução de ombros.

Ajustes corporais

O tronco deve estar ereto e levemente inclinado à frente. Os movimentos ocorrerão nos ombros e nas escápulas. O indivíduo deve permanecer com os membros inferiores em afastamento laterolateral. Caso realize o exercício com mais peso e necessite aumentar a estabilidade, sugere-se um afastamento anteroposterior.

Execução

O exercício deve ser realizado com a adução de ombros e a rotação inferior de escápulas, até que as duas mãos se aproximem, ou, dependendo da intenção, cruze uma à frente da outra. Retornar até que as mãos ultrapassem a linha dos ombros.

> **Músculos motores primários**
>
> *Adução de ombros*: latíssimo do dorso, redondo maior, peitoral maior (parte abdominal).
> *Rotação inferior de escápulas*: peitoral menor, romboide maior e trapézio (parte ascendente).

Variações

Pode-se, ainda, realizá-lo inclinando o tronco à frente, executando uma flexão horizontal de ombros. Quando as mãos são cruzadas uma à frente da outra, é aumentada a amplitude do movimento (adução de ombros), e, então, as escápulas passam a realizar uma abdução. Na abdução de escápulas, o músculo motor primário será o serrátil anterior.

Crucifixo invertido

Posição inicial.

Posição final.

Descrição técnica

Ajustes do equipamento

O banco para a realização desse exercício deve ter regulagem de inclinação. A inclinação indicada deve ser próxima a 30°. Inclinações muito maiores que essa promovem mudança na angulação ou no próprio movimento articular, tendendo à abdução de ombros.

Ajustes corporais

O executante deve estar em decúbito ventral, com os pés apoiados no solo e os braços posicionados verticalmente.

Execução

Deve ser realizada a extensão horizontal dos ombros, segurando halteres ou *dumbbells*. Retornar, com a flexão horizontal dos ombros, mas evitar perder a ação eficiente das forças externas para os músculos em questão, ou seja, antes de os braços ficarem paralelos, deve-se iniciar a próxima repetição.

> **Músculos motores primários**
> *Extensão horizontal de ombros*: latíssimo do dorso e deltoide (parte posterior).
> *Adução de escápulas*: romboides e trapézio (parte transversa).

Variações

O executante pode realizar o exercício em pé, com o tronco inclinado à frente (se possível, com um apoio para a cabeça), ou sentado em um banco com o tronco à frente (peitoral apoiado nas coxas).

Existe, ainda, a possibilidade da realização do exercício de maneira unilateral.

Crucifixo regulamentar

Posição inicial.

Posição final.

Descrição técnica

Ajustes do equipamento

O banco não deve ser muito largo, pois a largura dele pode atrapalhar a amplitude do movimento.

Ajustes corporais

O executante deve permanecer em decúbito dorsal. Os pés devem ficar apoiados no solo ou em um suporte na altura do banco ou mais alto em razão do posicionamento da coluna lombar do executante (para que a coluna não perca o contato com o banco durante a realização do exercício).

Na posição inicial, os braços devem estar paralelos entre si e perpendiculares ao seu corpo.

Execução

Realizar uma flexão horizontal dos ombros. Evitar perder a ação eficiente das forças externas para os músculos em questão, ou seja, antes dos braços ficarem paralelos, deve-se iniciar a próxima repetição.

> **Músculos motores primários**
> *Flexão horizontal de ombros*: peitoral maior e deltoide (parte clavicular) e coracobraquial.
> *Abdução de escápulas*: peitoral menor e serrátil anterior.

Variações

O exercício também pode ser realizado com o banco inclinado ou declinado. Para isso, a amplitude de inclinação deve ser de cerca de 30°. Inclinações muito maiores do que essa promovem mudança na angulação ou no próprio movimento articular. Nas variações citadas, os músculos envolvidos na ação primária são os mesmos, embora o movimento tenha sido alterado.

Desenvolvimento com barra

Posição inicial.

Posição final.

Descrição técnica

Ajustes do equipamento

O banco não necessita ter apoio para as costas ou ajustes de inclinação, porém, caso tenha, existe a possibilidade de o executante realizar o exercício encostado. Nessa situação, o encosto do banco deverá estar ajustado em uma posição próxima da vertical (de 100° a 110° entre acento e encosto).

Ajustes corporais

O executante deve permanecer sentado, com o tronco e a cabeça alinhados e ligeiramente inclinados posteriormente. Os pés devem estar apoiados no solo ou em um suporte, de forma que o ângulo entre o tronco e as coxas aproxime-se de 90°.

Execução

Realizar uma adução de ombros, até a barra aproximar-se ou tocar o manúbrio (no osso esterno). Retornar com a abdução de ombros, para, então, iniciar a próxima repetição.

> **Músculos motores primários**
>
> *Abdução de ombros*: deltoide (partes acromial e clavicular) e supraespinhal.
> *Rotação superior de escápulas*: serrátil anterior e trapézio (parte descendente).
> *Extensão de cotovelos*: tríceps braquial e ancôneo.

Variação

Uma variação possível seria realizar o movimento com a barra passando por trás da cabeça, na linha dos acrômios. Os músculos envolvidos na ação primária são os mesmos, embora o movimento tenha sido alterado.

Desenvolvimento com halteres

Posição inicial.

Posição final.

Descrição técnica

Ajustes do equipamento

O banco, muitas vezes, não tem ajuste de inclinação, porém, caso tenha, o encosto do banco deve ser ajustado em uma posição próxima da vertical (de 100° a 110° entre acento e encosto).

Ajustes corporais

O executante deve permanecer sentado, com o tronco e a cabeça alinhados, e com ligeira inclinação posterior. Os pés devem estar apoiados no solo ou em um suporte, de forma que o ângulo entre o tronco e as coxas aproxime-se de 90°.

Execução

O exercício deve iniciar com as mãos na altura da articulação temporo-occiptal. Realizar a abdução de ombros e retornar à posição inicial.

> **Músculos motores primários**
> *Abdução de ombros*: deltoide (partes acromial e clavicular) e supraespinhal.
> *Rotação superior de escápulas*: serrátil anterior e trapézio (parte descendente).
> *Extensão de cotovelos*: tríceps braquial e ancôneo. A participação dos extensores de cotovelos é menor com o uso de halteres em comparação com o uso de barras.

Variações

Como variação, o executante pode realizar esse exercício em pé.

Há, ainda, variações de "pegada", conforme podemos observar a seguir (pegada supinada).

Desenvolvimento na máquina

Posição inicial.   Posição final.

Descrição técnica

Ajustes do equipamento

A altura do banco deve ser ajustada de forma que o pegador fique no alinhamento do pescoço. O banco, por vezes, não tem ajuste de inclinação, porém, caso tenha, o encosto do banco deve ser ajustado em uma posição próxima da vertical (de 100° a 110° entre acento e encosto).

Ajustes corporais

O executante deve permanecer sentado, com o tronco e a cabeça alinhados, e com ligeira inclinação posterior. Os pés devem estar apoiados no solo ou em um suporte, de forma que o ângulo entre o tronco e as coxas aproxime-se de 90°.

Execução

O exercício deve iniciar com as mãos na altura da articulação temporo-occiptal. Realizar a abdução de ombros e retornar à posição inicial.

> **Músculos motores primários**
>
> *Abdução de ombros*: deltoide (partes acromial e clavicular) e supraespinhal.
> *Rotação superior de escápulas*: serrátil anterior e trapézio (parte descendente).
> *Extensão de cotovelos*: tríceps braquial e ancôneo.

Variações

A pegada pode ser próxima ou afastada. Com as pegadas próxima e neutra, acentua-se a extensão de cotovelos. Além disso, ocorre a alteração de abdução de ombros para flexão de ombros, fazendo que os músculos motores primários passem a ser o deltoide (parte clavicular) e o peitoral maior (parte clavicular).

Há, ainda, uma variação de "pegada", conforme podemos observar na foto a seguir (pegada neutra).

Desenvolvimento Arnold/moinho

Posição inicial.   Posição final.

Descrição técnica

Ajustes corporais

O executante deve permanecer sentado, com o tronco e a cabeça alinhados e ligeiramente inclinados posteriormente. Os pés devem estar apoiados no solo ou em um suporte, de forma que o ângulo entre o tronco e as coxas aproxime-se de 90°.

Execução

O exercício deve iniciar com as mãos no alinhamento dos ombros (plano sagital) e com a articulação radioulnar proximal em supinação. Realizar a flexão associada à abdução e à rotação interna do ombro, e, na radioulnar proximal, realizar a pronação, retornando, então, à posição inicial.

> **Músculos motores primários**
> *Flexão de ombros*: peitoral maior (parte clavicular) e deltoide (parte anterior).
> *Abdução de ombros*: deltoide (partes acromial e clavicular) e supraespinhal.
> *Rotação interna de ombros*: peitoral maior, latíssimo do dorso, redondo maior, supraespinhal, deltoide anterior e subescapular. A rotação de ombros tem pouca influência neste exercício, pela pouca exigência externa da carga nessa posição.
> *Rotação superior de escápulas*: serrátil anterior e trapézio (parte descendente).
> *Extensão de cotovelos*: tríceps braquial e ancôneo.

Elevação frontal

Posição inicial.

Posição final.

Descrição técnica

Ajustes corporais

O executante deve permanecer em pé, com os braços ao longo do corpo e a articulação radioulnar proximal em pronação.

Execução

O exercício pode ser realizado com a flexão unilateral de ombros e de maneira intercalada, fazendo o halter ultrapassar a altura do ombro.

> **Músculos motores primários**
> *Flexão de ombros*: deltoide (partes clavicular e acromial) e peitoral maior (parte clavicular).
> *Elevação de escápulas*: levantador da escápula, romboide e trapézio (parte descendente).

Variações

O exercício pode ser realizado de forma simultânea, porém, nesse caso, o cuidado com a postura deve ser maior, em razão do aumento na oscilação anteroposterior. No caso da rotação externa de ombros, as partes clavicular e acromial estão ativas.

Outras variações possíveis são a realização da flexão de ombros com os cotovelos semiflexionados e a flexão de ombros com a articulação radioulnar proximal em supinação. Ou, ainda, o uso da barra "W".

Elevação lateral na polia baixa

Posição inicial.

Posição final.

Descrição técnica

Ajustes do equipamento

Esse equipamento pode, ou não, ter a coluna ajustável. Quando tem, para a realização do exercício, deve-se ajustá-lo na menor altura, de forma que o executante consiga tracionar o puxador de baixo, favorecendo a abdução de ombros.

Ajustes corporais

O tronco deve estar ereto, com movimentos apenas nos ombros e nas escápulas.

O executante deve permanecer em pé, com os membros inferiores em afastamento laterolateral para aumentar a estabilidade, os joelhos em semiflexão, os braços ao longo do corpo, ou cruzando à frente do tronco, e a articulação radioulnar proximal em posição neutra.

Execução

O exercício deve ser realizado com a abdução de ombros, até que a mão atinja a altura da cabeça, retornando até a mão cruzar novamente à frente do tronco.

> **Músculos motores primários**
> *Abdução de ombros*: deltoide (partes acromial e clavicular) e supraespinhal.
> *Rotação superior de escápulas*: serrátil anterior e trapézio (parte descendente).

Variação

O exercício pode ser realizado com o cabo tracionado por trás do corpo. Os músculos envolvidos na ação primária são os mesmos, embora a mecânica do movimento tenha sido alterada.

Elevação lateral

Posição inicial. Posição final.

Descrição técnica

Ajustes corporais

O executante deve permanecer em pé, com os membros inferiores em afastamento laterolateral, para aumentar a estabilidade e os braços ao longo do corpo.

Execução

O exercício deve ser realizado com a abdução de ombros, até as mãos ultrapassarem ligeiramente a altura dos ombros. Retornar com a adução de ombros, evitando perder a ação eficiente das forças externas para os músculos em questão.

> **Músculos motores primários**
> *Abdução de ombros*: deltoide (partes acromial e clavicular) e supraespinhal.
> *Rotação superior de escápulas*: serrátil anterior e trapézio (parte descendente).

Elevação lateral inclinada

Posição inicial.

Posição final.

Descrição técnica

Ajustes do equipamento
O banco deve ser inclinado em cerca de 30°.

Ajustes corporais
O executante deve permanecer em decúbito lateral, com os braços ao longo do corpo.

Execução
O exercício deve ser realizado com a abdução de ombros, até que a mão fique na linha dos ombros, evitando perder a ação eficiente das forças externas para os músculos em questão. Retornar com a adução de ombros.

> **Músculos motores primários**
> *Abdução de ombros*: deltoide (partes acromial e clavicular) e supraespinhal.
> *Rotação superior de escápulas*: serrátil anterior e trapézio (parte descendente).

Elevação superior com halteres

Posição inicial.

Posição final.

Descrição técnica

Ajustes do equipamento

O banco muitas vezes não tem ajuste de inclinação, porém, caso possua, o encosto do banco deve ser ajustado em uma posição próxima da vertical (de 100° a 110° entre acento e encosto).

Ajustes corporais

O executante deve permanecer sentado, com o tronco e a cabeça alinhados e ligeiramente inclinados posteriormente. Os pés devem estar apoiados no solo ou em um suporte, de forma que o ângulo entre o tronco e as coxas aproxime-se de 90°.

Execução

O exercício deve iniciar com as mãos na altura das articulações do ombro. Realizar a flexão de ombros e retornar à posição inicial.

> **Músculos motores primários**
> *Flexão de ombros*: peitoral maior, deltoide (partes acromial).
> *Rotação superior de escápulas*: serrátil anterior e trapézio (parte descendente).

Encolhimento de ombros

Posição inicial.

Posição final.

Descrição técnica

Ajustes corporais

Em pé, posicionar-se próximo do equipamento, com os membros inferiores em afastamento lateral.

Execução

O movimento de subida deve acontecer com a elevação das escápulas. Retornar à posição inicial para, então, realizar nova repetição. Os movimentos de circundução da articulação do ombro são desnecessários.

> **Músculos motores primários**
> *Elevação de escápulas*: elevadores das escápulas, romboide e trapézio (parte descendente).

Fly no crossover

Posição inicial. Posição final.

Descrição técnica

Ajustes do equipamento

Ajustar as roldanas no ponto mais alto da coluna, de forma que o executante consiga tracionar o puxador para baixo, favorecendo a adução de ombros.

Ajustes corporais

O corpo deve estar à frente do alinhamento das roldanas. O tronco deve estar ereto, para que os principais movimentos ocorram nos ombros, nas escápulas e nos cotovelos. Deve-se permanecer com os membros inferiores em afastamento anteroposterior, aumentando a estabilidade nesse sentido.

Execução

O exercício deve ser realizado com adução de ombros, rotação inferior de escápulas e extensão de cotovelos, até que as duas mãos se aproximem ou, dependendo da intenção, cruzar uma à frente da outra. Retornar até que os cotovelos ultrapassem a linha dos ombros.

> **Músculos motores primários**
>
> *Adução de ombros*: latíssimo do dorso, redondo maior, peitoral maior (parte abdominal).
> *Rotação inferior de escápulas*: peitoral menor, romboide maior e trapézio (parte ascendente).

Variações

Cruzar as mãos à frente do tronco aumenta a amplitude do movimento nas articulações de ombros e escápulas.

Outra variação do exercício é inclinar o tronco à frente e executar flexão horizontal de ombros.

Fly reto

Posição inicial.

Posição final.

Descrição técnica

Ajustes do equipamento

Indica-se que o banco não seja muito largo, para evitar que atrapalhe a amplitude do movimento.

Ajustes corporais

O executante deve permanecer em decúbito dorsal. Os pés devem estar apoiados no solo ou em um suporte na altura ou acima do banco, em razão do posicionamento da coluna lombar do executante (para que esta não perca o contato com o banco durante a realização do exercício).

Execução

Realizar uma extensão horizontal dos ombros. Deve-se evitar perder a ação eficiente das forças externas para os músculos em questão, ou seja, iniciar a próxima repetição antes de os braços ficarem paralelos.

> **Músculos motores primários**
>
> *Flexão horizontal de ombros*: peitoral maior e deltoide (parte clavicular) e coracobraquial.
> *Abdução de escápulas*: peitoral menor e serrátil anterior.
> *Extensão de cotovelos*: tríceps braquial e ancôneo.

Variações

O exercício também pode ser realizado com o banco inclinado ou declinado. Para isso, a amplitude de inclinação deve ser próxima a 30°. Inclinações muito maiores do que essas promovem mudança na angulação ou no próprio movimento articular. Nas variações citadas, os músculos envolvidos na ação primária são os mesmos, embora a mecânica do movimento tenha sido alterada.

Paralelas

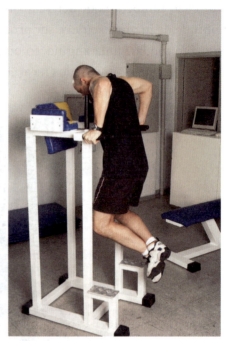

Posição inicial.   Posição final.

Descrição técnica

Ajustes corporais

O executante inicia o exercício com os braços ao lado do corpo, os cotovelos estendidos, e os membros inferiores livres (flexionados ou estendidos, cruzados ou não).

Execução

O movimento de descida deve ser realizado até atingir um ângulo inferior a 90° entre braços e antebraços, subindo, em seguida, até atingir a posição inicial.

> **Músculos motores primários**
>
> *Adução de ombros*: latíssimo do dorso, redondo maior, peitoral maior (parte abdominal).
> *Rotação inferior de escápulas*: peitoral menor, romboide maior e trapézio (parte ascendente).
> *Extensão de cotovelos*: tríceps braquial e ancôneo.

Variações

Como variação, pode-se utilizar a pegada invertida, pela qual se altera a mecânica do movimento.

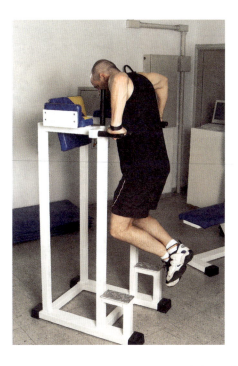

Outra variação é a pegada próxima ao tronco, modificando o movimento na articulação do ombro de *adução* para *flexão*. Desse modo, na flexão do ombro, a ação primária envolve os músculos peitoral maior (clavicular) e deltoide (clavicular).

Paralelas no Gravitron

Posição inicial.

Posição final.

Descrição técnica

Ajustes corporais

O executante inicia com os braços ao lado do corpo, os cotovelos estendidos e os membros inferiores apoiados na base móvel.

Execução

O movimento de descida deve ser realizado até atingir um ângulo inferior a 90° entre braços e antebraços, subindo até atingir a posição inicial.

> **Músculos motores primários**
> *Flexão de ombros*: peitoral maior (clavicular) e deltoide (clavicular).
> *Rotação inferior de escápulas*: peitoral menor, romboide maior e trapézio (parte ascendente).
> *Extensão de cotovelos*: tríceps braquial e ancôneo.

Variações

Como variação, pode-se utilizar a pegada invertida, pela qual se altera a mecânica do movimento.

Outra variação é a pegada mais distante do tronco, modificando o movimento na articulação do ombro de *flexão* para *adução*. Desse modo, na adução do ombro, temos como ação primária os músculos latíssimo do dorso, redondo maior, peitoral maior (parte abdominal).

Pec deck

Posição inicial.   Posição final.

Descrição técnica

Ajustes do equipamento

O equipamento apresenta ajuste na altura do banco, de forma que os cotovelos permaneçam na mesma altura dos ombros.

Ajustes corporais

O indivíduo deve permanecer sentado, com os pés apoiados no solo ou suporte, de forma que o ângulo entre o tronco e as coxas aproxime-se de 90°. As articulações de cotovelos e de ombros devem estar alinhadas no plano horizontal.

Execução

O movimento deve ser realizado com a flexão horizontal de ombros, até que os braços do aparelho se aproximem (ou se toquem).

> **Músculos motores primários**
> *Flexão horizontal de ombros*: peitoral maior e deltoide (parte clavicular) e coracobraquial.
> *Abdução de escápulas*: peitoral menor e serrátil anterior.

Variações

O exercício pode ser realizado apoiando-se as palmas das mãos, quando no exercício convencional apoiam-se os cotovelos, fazendo que as articulações de punhos, de cotovelos e de ombros fiquem alinhadas no plano horizontal, realizando o movimento com amplitude reduzida e em rotação interna do ombro.

Existe outro tipo de aparelho que permite apenas a pegada afastada, no qual os cotovelos permanecem praticamente estendidos durante toda a trajetória. Nesse equipamento, o uso pode ser da maneira convencional ou invertida, conforme ilustrado nas figuras "Posição inicial" e "Posição final". No modo convencional, os músculos primários são os que já foram citados. Em relação ao modo invertido, os músculos são deltoide posterior e latíssimo do dorso, pela extensão horizontal dos ombros, e romboides e trapézio (parte transversa), pela adução das escápulas.

Pull down

Posição inicial.   Posição final.

Descrição técnica

Ajustes corporais

Em pé, com afastamento lateral ou anteroposterior dos membros inferiores e ligeira inclinação do tronco à frente. Deve-se evitar que o pegador fique à frente da linha da roldana, mesmo quando os membros superiores estiverem na posição mais alta.

Execução

O exercício deve ser executado com os cotovelos semiflexionados durante toda a trajetória. Realizar a extensão dos ombros.

> **Músculos motores primários**
> *Extensão de ombros*: latíssimo do dorso, redondo maior, peitoral maior (parte abdominal) e deltoide (parte espinhal), cabeça longa do tríceps braquial.
> *Depressão das escápulas*: peitoral menor e trapézio ascendente.
> *Adução de escápulas*: romboides e trapézio (parte transversa).

Variação

O exercício pode ser realizado com a pegada neutra (*hammer*/corda), conforme a figura a seguir. Esta variação pode ser utilizada caso o executante a considere mais confortável, porém, não modifica a ação muscular principal.

Pullover

Posição inicial. Posição final.

Descrição técnica

Ajustes corporais

O executante deve permanecer em decúbito dorsal. Os pés devem estar apoiados no solo ou em um suporte na altura do banco ou acima dele, em razão do posicionamento da coluna lombar do executante (para que esta não perca o contato com banco durante a realização do exercício). Na posição inicial, os braços devem estar paralelos entre si e perpendiculares ao corpo.

Execução

Realizar a flexão excêntrica e a extensão concêntrica de ombros. Evitar perder a ação eficiente das forças externas para os músculos em questão, ou seja, iniciar a repetição antes que os braços atinjam a posição perpendicular ao tronco.

> **Músculos motores primários**
> *Extensão de ombros*: peitoral maior (parte abdominal), deltoide (parte espinhal). Latíssimo do dorso e redondo maior em menor nível de ativação.
> *Abdução de escápulas*: peitoral menor e serrátil anterior.

Variações

Existe a variação *pullover* "quebrado", na qual o exercício é realizado de forma muito semelhante, mas com os cotovelos flexionados, o que permite aumentar o peso utilizado, tendo em vista a diminuição do braço de resistência. Essa variação não altera os músculos motores primários.

Pode-se realizar o exercício com o tronco perpendicular ao alinhamento do banco, apoiando apenas a região escapular, o que aumenta a amplitude do movimento. Esse tipo de variação é muito utilizado em treinos com pesos elevados.

Pulley

Posição inicial. Posição final.

Descrição técnica

Ajustes do equipamento

O equipamento tem ajuste na altura do rolete de apoio das coxas ou do banco.

Ajustes corporais

Posicionar-se sentado. O ajuste de pegada pode ser afastado, de forma que, quando os braços estiverem na horizontal, o ângulo formado entre braços e antebraços deve aproximar-se de 90°. Evitar posicionar a barra à frente da linha da polia, durante a execução.

Execução

O movimento de descida deve ser realizado até as mãos ficarem mais baixas que a cabeça (na altura da coluna cervical). Em seguida, retornar, até a extensão dos cotovelos.

> **Músculos motores primários**
> *Adução de ombros*: latíssimo do dorso, redondo maior, peitoral maior (parte abdominal).
> *Rotação inferior de escápulas*: peitoral menor, romboide maior e trapézio (parte ascendente).
> *Flexão de cotovelos*: bíceps braquial, braquial anterior e braquiorradial.

Variação

Uma variação é o exercício *Pulley* Frente, no qual a barra é tracionada à frente do rosto, aproximando-se das clavículas. O tronco deve ser levemente inclinado para trás, evitando que a cabeça permaneça na trajetória da barra. Nessa posição, ocorre uma maior ativação do latíssimo do dorso em comparação com o *Pulley* Costas.

Remada alta no Smith

Posição inicial.

Posição final.

Descrição técnica

Ajustes corporais

Posicionar-se próximo da barra do Smith, em pé, com os membros inferiores em afastamento lateral e a pegada em afastamento semelhante à largura da cintura escapular.

Execução

O movimento de subida deve acontecer com a abdução de ombros, até os cotovelos ultrapassarem a altura dessa articulação. Retornar, então, à posição inicial.

> **Músculos motores primários**
> *Abdução de ombros*: deltoide (parte média) e supraespinhal.
> *Elevação e retração de escápulas*: elevadores das escápulas, romboides e trapézio (parte descendente).
> *Flexão de cotovelos*: bíceps braquial, braquial anterior e braquiorradial.

Variação

Com a pegada afastada, a amplitude de movimento de cotovelos e de ombros diminui, e acrescenta-se o movimento de elevação da cintura escapular.

Remada aberta na polia alta

Posição inicial.

Posição final.

Descrição técnica

Ajustes do equipamento

O equipamento deve ser ajustado apenas na altura do rolete que irá prender os membros inferiores ou do banco.

Ajustes corporais

Permanecer sentado, com os membros inferiores presos sob o rolete e uma ligeira inclinação do tronco para trás.

Execução

O movimento de tração deve ser realizado com a extensão horizontal dos ombros, até a barra aproximar-se do osso esterno do executante. Os cotovelos devem ficar no plano entre ombros e punhos.

> **Músculos motores primários**
>
> *Extensão horizontal de ombros*: deltoide (parte posterior) e latíssimo do dorso.
> *Adução de escápulas*: romboides e trapézio (parte transversa).
> *Flexão de cotovelos*: bíceps braquial, braquial anterior e braquiorradial.

Variação

A pegada pode ser realizada com a barra *hammer*, o que permite manter a articulação radioulnar proximal em posição intermediária (pegada neutra). Contudo, nessa pegada, não há mudança de movimentos articulares e, consequentemente, não mudam os músculos motores primários.

Remada alta na polia baixa

Posição inicial.   Posição final.

Descrição técnica

Ajustes corporais

Em pé, posicionar-se próximo do equipamento, com os membros inferiores em afastamento lateral e com a pegada em afastamento semelhante à largura da cintura escapular.

Execução

O movimento de subida deve acontecer com a abdução de ombros, até os cotovelos ultrapassarem a altura dessa articulação. Retornar à posição inicial para, então, realizar nova repetição.

> **Músculos motores primários**
> *Abdução de ombros*: deltoide (parte média) e supraespinhal.
> *Elevação e retração de escápulas*: elevadores das escápulas, romboides e trapézio (parte descendente).
> *Flexão de cotovelos*: bíceps braquial, braquial anterior e braquiorradial.

Variação

Com a pegada afastada, a amplitude de movimento de cotovelos e de ombros diminui. Pode-se realizar o exercício com barra longa ou com halteres. Caso os cotovelos não passem a linha dos ombros, o estresse de rotação externa é reduzido.

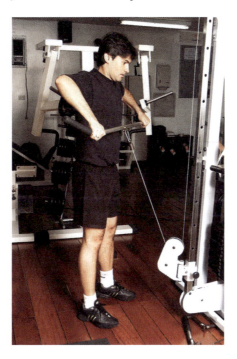

Remada baixa

Posição inicial. Posição final.

Descrição técnica

Ajustes corporais
Sentado, com os joelhos semiflexionados, pés apoiados no suporte e tronco estável.

Execução
O movimento de tração deve ser realizado com a extensão dos ombros, até o pegador aproximar-se da região abdominal do executante. Os cotovelos devem ficar próximos do tronco. Retornar até a extensão de cotovelos. (Esse exercício pode ser realizado sem a movimentação do quadril e do tronco, conforme as figuras, ou com a extensão de quadris e de tronco na contração concêntrica e flexão das mesmas articulações na contração excêntrica, conforme figuras das variações.)

> **Músculos motores primários**
> *Extensão de ombros*: latíssimo do dorso, redondo maior e peitoral maior (parte abdominal).
> *Adução de escápulas*: romboides e trapézio (parte transversa).
> *Flexão de cotovelos*: bíceps braquial, braquial anterior e braquiorradial.

Variações

Além da pegada no triângulo (pegada neutra), existe a possibilidade das pegadas pronada e supinada, que não mudam os principais movimentos articulares, nem a musculatura trabalhada.

Com a movimentação de quadris e de tronco, aumenta-se a ação dos músculos glúteo máximo e isquiotibiais, pelo quadril, e paravertebrais (eretores da coluna), pelo tronco.

Remada cavalinho

Posição inicial. Posição final.

Descrição técnica

Ajustes corporais

O executante deve permanecer em pé, com o tronco ereto e inclinado à frente. A pegada deve ser realizada com um afastamento superior à distância entre os ombros.

Execução

Realizar uma extensão de ombros, até que a barra se aproxime do tronco, e retornar à posição inicial.

> **Músculos motores primários**
> *Extensão de ombros*: latíssimo do dorso, redondo maior e peitoral maior.
> *Adução de escápulas*: romboides e trapézio (parte transversa).
> *Flexão de cotovelos*: bíceps braquial, braquial anterior e braquiorradial.

Variação

A distância da pegada pode ser aumentada. Dessa forma, diminui-se a movimentação na articulação dos cotovelos.

Remada horizontal na polia baixa

Posição inicial.

Posição final.

Descrição técnica

Ajustes corporais

Sentado, com os joelhos semiflexionados e o tronco estável.

Execução

O movimento de tração deve ser realizado com a extensão horizontal dos ombros, até o pegador aproximar-se do osso esterno do executante. Os cotovelos devem ficar mais altos do que as mãos. Retornar até a extensão de cotovelos.

> **Músculos motores primários**
> *Extensão horizontal de ombros*: deltoide (parte posterior) e latíssimo do dorso.
> *Adução de escápulas*: romboides e trapézio (parte transversa).
> *Flexão de cotovelos*: bíceps braquial, braquial anterior e braquiorradial.

Remada na máquina

Posição inicial.   Posição final.

Descrição técnica

Ajustes do equipamento

A regulagem da altura do banco deve ser feita de forma que o apoio de peito mantenha sua borda superior na altura do osso esterno (manúbrio). A regulagem da distância do apoio de peito deve permitir que os cotovelos do executante iniciem em extensão completa e as escápulas, abduzidas.

Ajustes corporais

Sentar o mais próximo possível do apoio de peito e posicionar seus pés no apoio específico.

Execução

Realizar uma extensão de ombros, retornando à posição inicial.

> **Músculos motores primários**
>
> *Extensão de ombros*: latíssimo do dorso, redondo maior e peitoral maior (parte abdominal).
> *Adução de escápulas*: romboides e trapézio (parte transversa).
> *Flexão de cotovelos*: bíceps braquial, braquial anterior e braquiorradial.

Variações

As pegadas podem ser realizadas com a articulação radioulnar proximal em pronação, em supinação ou em uma posição intermediária (pegada neutra). A pegada neutra pode ser realizada próxima ou afastada.

Rosca alternada

Posição inicial.

Posição final.

Descrição técnica

Ajustes corporais

O executante deve permanecer em pé, com os braços ao longo do corpo e a articulação radioulnar proximal em supinação.

Execução

Realizar a flexão de cotovelos unilateral, aproximando o halter da articulação do ombro. Em seguida, retornar à posição inicial. O exercício deve ser realizado de forma alternada.

> **Músculos motores primários**
> *Flexão de cotovelos*: bíceps braquial, braquial anterior e braquiorradial.

Rosca concentrada

 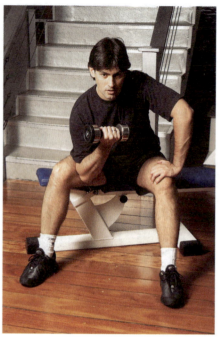

Posição inicial. Posição final.

Descrição técnica

Ajustes corporais

O executante deve permanecer sentado, com o tronco inclinado à frente e a mão apoiada perto do joelho.

Execução

Realizar a flexão de cotovelo, aproximando o halter da articulação do ombro e, em seguida, retornar à posição inicial.

> **Músculos motores primários**
> *Flexão de cotovelo*: bíceps braquial, braquial anterior e braquiorradial.

Rosca cruz no *crossover*

Posição inicial.

Posição final.

Descrição técnica

Ajustes do equipamento

As roldanas devem ser direcionadas na posição mais alta do trilho.

Ajustes corporais

O executante deve permanecer em pé, com os ombros abduzidos e os braços em 90° ou mais em relação ao tronco, os cotovelos estendidos e a articulação radioulnar proximal em supinação.

Execução

Realizar a flexão de cotovelos, aproximando os pegadores da articulação dos ombros, e, em seguida, retornar à posição inicial.

> **Músculos motores primários**
> *Flexão de cotovelos*: bíceps braquial, braquial anterior e braquiorradial.

Variação

O executante deve permanecer na mesma posição em relação ao exercício principal, com os ombros abduzidos, os braços em cerca de 45° em relação ao tronco, os cotovelos estendidos e a articulação radioulnar proximal em supinação.

Rosca inclinada alternada

Posição inicial.

Posição final.

Descrição técnica

Ajustes do equipamento

O banco deve ser inclinado em cerca de 45°.

Ajustes corporais

Sentado, com as escápulas em contato com o banco e os pés apoiados no solo ou em um suporte. Os ombros devem permanecer em extensão e a articulação radioulnar proximal em posição neutra.

Execução

Realizar a flexão dos cotovelos associada à supinação na radioulnar proximal, até que os halteres se aproximem dos ombros. O movimento deve ser realizado de forma alternada.

> **Músculos motores primários**
> *Flexão de cotovelos*: bíceps braquial, braquial anterior e braquiorradial.
> *Supinação*: bíceps braquial, supinador.

Rosca inclinada simultânea

Posição inicial.

Posição final.

Descrição técnica

Ajustes do equipamento:
O banco deve ser inclinado em cerca de 45°.

Ajustes corporais:
Sentado, com as escápulas em contato com o banco e os pés apoiados no solo ou em um suporte. Os ombros devem permanecer em extensão e a articulação radioulnar proximal em posição neutra.

Execução:
Realizar a flexão dos cotovelos associada à supinação na radioulnar proximal, até que os halteres se aproximem dos ombros.

> **Músculos motores primários**
> *Flexão de cotovelos*: bíceps braquial, braquial anterior e braquiorradial.
> *Supinação*: bíceps braquial, supinador.

Rosca inversa

Posição inicial.

Posição final.

Descrição técnica

Ajustes corporais

O executante deve permanecer em pé, com os braços ao longo do corpo e a articulação radioulnar proximal em pronação.

Execução

Realizar a flexão de cotovelos, aproximando o halter da articulação do ombro, e, em seguida, retornar à posição inicial. O exercício deve ser realizado de forma simultânea ou unilateral.

> **Músculos motores primários**
> *Flexão de cotovelos*: bíceps braquial, braquial anterior e braquiorradial.

Rosca Scott

Posição inicial. Posição final.

Descrição técnica

Ajustes corporais

Sentado, com as axilas e o tronco em contato com o banco e os pés apoiados no solo ou em um suporte.

Execução

Realizar a flexão dos cotovelos, até que a barra se aproxime da articulação do ombro.

> **Músculos motores primários**
> *Flexão de cotovelos*: bíceps braquial, braquial anterior e braquiorradial.

Variações

As pegadas podem ser realizadas com a articulação radioulnar proximal em pronação, em supinação ou em uma posição intermediária (pegada neutra). As pegadas podem ser realizadas de forma aberta ou fechada.

Rosca Scott livre

Posição inicial.

Posição final.

Descrição técnica

Ajustes corporais

Sentado, com as axilas e o tronco em contato com o banco e os pés apoiados no solo ou em um suporte.

Execução

Realizar a flexão dos cotovelos, até que a barra atinja a posição vertical.

> **Músculos motores primários**
> *Flexão de cotovelos*: bíceps braquial, braquial anterior e braquiorradial.

Variações

A pegada pode ser realizada com a articulação radioulnar proximal em pronação (rosca Scott invertida), conforme a figura a seguir, ou em uma posição intermediária (pegada neutra). As pegadas podem ser realizadas de forma aberta ou fechada. O uso de diferentes equipamentos pode afetar os torques e as forças externas, o que modifica a ênfase dos músculos atuantes.

Rosca simultânea

Posição inicial.

Posição final.

Descrição técnica

Ajustes corporais

O executante deve permanecer em pé, com os braços ao longo do corpo e a articulação radioulnar proximal em supinação.

Execução

Realizar a flexão de cotovelos, aproximando os halteres da articulação dos ombros, e, em seguida, retornar à posição inicial. O exercício deve ser realizado de forma simultânea.

> **Músculos motores primários**
> *Flexão de cotovelos*: bíceps braquial, braquial anterior e braquiorradial.

Rosca na polia baixa

Posição inicial.

Posição final.

Descrição técnica

Ajustes do equipamento

A roldana deve ser direcionada na posição mais baixa do trilho.

Ajustes corporais

O executante deve permanecer em pé, com os cotovelos estendidos e a articulação radioulnar proximal em supinação.

Execução

Realizar a flexão de cotovelos, aproximando o pegador da articulação dos ombros, e, em seguida, retornar à posição inicial.

> **Músculos motores primários**
> *Flexão de cotovelos*: bíceps braquial, braquial anterior e braquiorradial.

Serrote

Posição inicial.   Posição final.

Descrição técnica

Ajustes corporais

O executante deve permanecer apoiado no banco (dois apoios), com o tronco ereto e inclinado à frente. A pegada deve ser realizada em posição neutra.

Execução

Realizar uma extensão de ombros, até que o halter se aproxime do tronco. Retornar à posição inicial.

Músculos motores primários

Extensão de ombros: latíssimo do dorso, redondo maior e peitoral maior.
Adução de escápulas: romboides e trapézio (parte transversa).
Flexão de cotovelos: bíceps braquial, braquial anterior e braquiorradial.

Variações

Pode-se realizar o exercício utilizando a polia baixa. Nesse caso, só o que muda é o material; os músculos trabalhados continuam os mesmos.

Com o ombro realizando a extensão horizontal, os músculos redondo maior e peitoral maior deixam de ser motores primários, e o deltoide (parte posterior) passa a sê-lo.

Supino declinado

Posição inicial. Posição final.

Descrição técnica

Ajustes do equipamento

O banco deve estar declinado em cerca de 30°. A barra deve estar posicionada no apoio do suporte, em uma altura compatível com o comprimento dos membros superiores.

Ajustes corporais

Em decúbito dorsal, com os pés apoiados no solo ou em um suporte. Evitar o aumento da curvatura lombar. O afastamento da pegada deve ser ajustado na posição média entre a amplitude máxima de pegada e a alinhada com os ombros.

Execução

Realizar a flexão horizontal de ombros e retornar à posição inicial.

> **Músculos motores primários**
> *Flexão horizontal de ombros*: peitoral maior, deltoide (parte anterior) e coracobraquial.
> *Abdução de escápulas*: peitoral menor e serrátil anterior.
> *Extensão de cotovelos*: tríceps braquial e ancôneo.

Supino fechado

Posição inicial.   Posição final.

Descrição técnica

Ajustes do equipamento

A barra deve estar posicionada no apoio do suporte, em uma altura compatível com o comprimento dos membros superiores.

Ajustes corporais

Em decúbito dorsal, com os pés apoiados no solo ou em um suporte. O afastamento da pegada deve ser feito na linha dos ombros.

Execução

Realizar a flexão de ombros e a extensão de cotovelos. Retornar, então, à posição inicial.

> **Músculos motores primários**
>
> *Flexão de ombros*: peitoral maior (parte clavicular), deltoide (parte clavicular).
> *Elevação de escápulas*: levantador das escápulas, trapézio (parte descendente) e romboides.
> *Extensão de cotovelos*: tríceps braquial e ancôneo.

Supino inclinado

Posição inicial.   Posição final.

Descrição técnica

Ajustes do equipamento

O banco deve ser inclinado em cerca de 30°.

A barra deve estar posicionada no apoio do suporte, em uma altura compatível com o comprimento dos membros superiores.

Ajustes corporais

Em decúbito dorsal, com os pés apoiados no solo ou em um suporte. O afastamento da pegada deve ser ajustado na posição média entre a amplitude máxima de pegada e a linha dos ombros.

Execução

Realizar a flexão horizontal de ombros e retornar à posição inicial.

> **Músculos motores primários**
> *Flexão horizontal de ombros*: peitoral maior, deltoide (parte anterior) e coracobraquial.
> *Abdução de escápulas*: peitoral menor e serrátil anterior.
> *Extensão de cotovelos*: tríceps braquial e ancôneo.

Supino no Smith

Posição inicial.

Posição final.

Descrição técnica

Ajustes do equipamento

A barra deve estar posicionada no suporte, em uma altura compatível com o comprimento dos membros superiores. O banco deve ser posicionado transversalmente e no centro da largura da barra.

Ajustes corporais

Em decúbito dorsal, com os pés apoiados no solo ou em um suporte. O afastamento da pegada deve ser ajustado na posição média entre a amplitude máxima de pegada e a linha dos ombros. O corpo deve ser posicionado de maneira a permitir que ombros, cotovelos e punhos estejam alinhados no plano transversal.

Execução

Realizar a flexão horizontal de ombros e retornar à posição inicial.

> **Músculos motores primários**
> *Flexão horizontal de ombros*: peitoral maior, deltoide (parte anterior) e coracobraquial.
> *Abdução de escápulas*: peitoral menor e serrátil anterior.
> *Extensão de cotovelos*: tríceps braquial e ancôneo.

Variações

Pode-se realizar o exercício com o banco inclinado ou declinado, em um ângulo de cerca de 30°.

Supino reto

Posição inicial.

Posição final.

Descrição técnica

Ajustes do equipamento

A barra deve estar posicionada no suporte, em uma altura compatível com o comprimento dos membros superiores.

Ajustes corporais

Em decúbito dorsal, com os pés apoiados no solo ou em um suporte. O afastamento da pegada deve ser ajustado na posição média entre a amplitude máxima de pegada e a linha dos ombros. Ombros, cotovelos e punhos devem estar alinhados no plano transversal.

Execução

Realizar a flexão horizontal de ombros e retornar à posição inicial.

> **Músculos motores primários**
> *Flexão horizontal de ombros*: peitoral maior, deltoide (parte anterior) e coracobraquial.
> *Abdução de escápulas*: peitoral menor e serrátil anterior.
> *Extensão de cotovelos*: tríceps braquial e ancôneo.

Tríceps no banco

Posição inicial.   Posição final.

Descrição técnica

Ajustes do equipamento

Os bancos devem estar afastados a uma distância equivalente ao tamanho dos membros inferiores.

Ajustes corporais

As pernas devem estar apoiadas em um dos bancos, e, no outro, serão apoiadas as mãos. O tronco deve permanecer ereto. Os ombros devem iniciar o movimento em pequena extensão.

Execução

Realizar a flexão de cotovelos excêntrica e a extensão de cotovelos concêntrica.

> **Músculos motores primários**
> *Extensão de cotovelos*: tríceps braquial e ancôneo.
> *Flexão de ombros*: peitoral maior (parte clavicular) e deltoide (parte anterior).

Tríceps corda na roldana baixa

Posição inicial.   Posição final.

Descrição técnica

Ajustes do equipamento
A roldana deve ser direcionada da posição baixa.

Ajustes corporais
O executante pode permanecer em pé, sentado ou ajoelhado, de costas para o equipamento, com os cotovelos estendidos e a articulação radioulnar proximal em pronação.

Execução
Realizar a flexão de cotovelo excêntrica seguida de uma extensão de cotovelos concêntrica.

A cabeça longa do tríceps braquial apresenta menor ativação muscular em relação às outras porções, em razão de seu pré-alongamento (músculo biarticular).

> **Músculos motores primários**
> *Extensão de cotovelos*: tríceps braquial e ancôneo.

Tríceps coice

Posição inicial.

Posição final.

Descrição técnica

Ajustes corporais

Em pé, tronco levemente inclinado à frente, um braço estendido e apoiado no banco, o outro braço semiflexionado (cuja mão deve segurar o halter) e articulação radioulnar proximal em posição neutra. A perna do lado contrário ao braço que irá realizar o exercício deve estar à frente, para auxiliar no equilíbrio.

Execução

Realizar a flexão de cotovelo excêntrica, seguida de uma extensão concêntrica.

> **Músculos motores primários**
> *Extensão de cotovelo*: tríceps braquial e ancôneo.

Tríceps coice no cabo

Posição inicial.   Posição final.

Descrição técnica

Ajustes do equipamento

A polia deve estar posicionada na posição alta.

Ajustes corporais

Em pé, de frente para o equipamento, tronco levemente inclinado à frente, braço no prolongamento do corpo e cotovelos estendidos, na posição inicial. A perna do lado contrário ao braço que irá realizar o exercício deve estar à frente, para auxiliar no equilíbrio.

Execução

Realizar a flexão de cotovelos excêntrica seguida de uma extensão concêntrica.

O posicionamento do antebraço não altera a ação das porções do tríceps braquial em nenhum exercício.

> **Músculos motores primários**
> *Extensão de cotovelos*: tríceps braquial e ancôneo.

Tríceps francês no cabo

Posição inicial.

Posição final.

Descrição técnica

Ajustes do equipamento

A roldana deve ser direcionada da posição baixa.

Ajustes corporais

O executante deve permanecer em pé, sentado ou ajoelhado, de costas para o equipamento, com o cotovelo estendido e a articulação radioulnar proximal em pronação. O membro superior contralateral deve auxiliar o movimento, apoiando o cotovelo do que está em execução.

Execução

Realizar a flexão de cotovelos excêntrica, seguida de uma extensão de cotovelos concêntrica.

> **Músculos motores primários**
> *Extensão de cotovelos*: tríceps braquial e ancôneo.

Tríceps francês livre

Posição inicial.   Posição final.

Descrição técnica

Ajustes corporais

O executante deve permanecer em pé, sentado ou ajoelhado, com os cotovelos estendidos e a articulação radioulnar proximal em pronação. O membro superior contralateral deve auxiliar o movimento, apoiando o cotovelo do que está em execução.

Execução

Realizar a flexão de cotovelos excêntrica, seguida de uma extensão de cotovelos concêntrica.

> **Músculos motores primários**
> *Extensão de cotovelos*: tríceps braquial e ancôneo.

Tríceps *pulley*

Posição inicial. Posição final.

Descrição técnica

Ajustes corporais

O executante deve permanecer em pé, com o cotovelo estendido e a articulação radioulnar proximal em pronação. Posicionar o corpo de forma que a barra não ultrapasse o alinhamento vertical da polia.

Execução

Realizar a flexão de cotovelos excêntrica, seguida de uma extensão de cotovelos concêntrica.

> **Músculos motores primários**
> *Extensão de cotovelos*: tríceps braquial e ancôneo.

Variações

Pode-se realizar o exercício utilizando a pegada supinada ou neutra.

O posicionamento do antebraço não altera a ação das porções do tríceps braquial em nenhum exercício.

Outra variação seria utilizar uma corda para realizar o exercício.

Tríceps testa

Posição inicial.   Posição final.

Descrição técnica

Ajustes corporais

Em decúbito dorsal, com os cotovelos estendidos e a articulação radioulnar proximal em pronação.

Execução

Realizar a flexão de cotovelos excêntrica, até que a barra se aproxime da testa, seguida de uma extensão de cotovelos concêntrica.

> **Músculos motores primários**
> *Extensão de cotovelos*: tríceps braquial e ancôneo.

Variações

Pode-se realizar o exercício com halteres, de forma unilateral ou simultânea.

Tríceps unilateral no *crossover*

Posição inicial.   Posição final.

Descrição técnica

Ajustes do equipamento

As roldanas devem ser direcionadas para perto da altura dos ombros do executante.

Ajustes corporais

O executante deve permanecer em pé, com os cotovelos flexionados e a articulação radioulnar proximal em pronação.

Execução

Realizar a extensão de cotovelos e retornar à posição inicial.

> **Músculos motores primários**
> *Extensão de cotovelo*: tríceps braquial e ancôneo.

Variação

A pegada pode ser realizada com a articulação radioulnar proximal em supinação.

O posicionamento do antebraço não altera a ação das porções do tríceps braquial em nenhum exercício.

7

BIOMECÂNICA DO LEVANTAMENTO DE PESO OLÍMPICO

Capítulo de autoria do colaborador:
Prof. Dr. Carlos Noriega

Hoje em dia, o levantamento de peso olímpico (LPO), também conhecido como halterofilismo ou *weightlifting*, é usado em diversas modalidades esportivas em razão de sua capacidade de potencializar a dinâmica dos diversos movimentos esportivos (entre outros fatores). Contudo, é escasso o que é apresentado (sobretudo em língua portuguesa) sobre os detalhes biomecânicos solicitados por esses movimentos e que devem ser efetuados para garantir tanto uma boa execução como a transferência da carga de trabalho para a modalidade esportiva escolhida.

O que pouco se sabe é que a sua aplicação no esporte vem de longa data tanto na extinta União Soviética como em Cuba. Experiências bem-sucedidas podem ser encontradas por meio de pesquisas na internet ou em livros de alto rendimento esportivo escritos há décadas.

Antes de mais nada, é preciso ressaltar que os movimentos utilizados nos treinos de hoje em dia são exercícios derivados dos dois movimentos usados durante uma competição de halterofilismo: o *snatch* (arranco) e o *clean and jerk* (arremesso). Isso significa que não se torna um competidor de alta *performance* de LPO se não usufruir das potencialidades derivadas dos movimentos anteriormente indicados.

Ao longo do livro, há muitas definições sobre questões mecânicas e as equações que as comportam, mas serão retomados alguns conceitos no presente capítulo (sem o rigor com que foram conceitualizados).

Durante a execução dos levantamentos, o tronco se desloca de um ponto A para um ponto B. A distância percorrida durante certo tempo seria a velocidade. A aceleração é a taxa em que algo aumenta ou diminui a sua velocidade (matematicamente falando, a aceleração é a derivada da velocidade). Centro de gravidade é o ponto em que pode ser considerada a aplicação da força da gravidade e o centro comum de gravidade é o centro de gravidade do levantador e a barra calculada como uma unidade. No LPO, a velocidade é importante, porque permite controlar a barra para, posteriormente, gerar a máxima aceleração possível, e a técnica permite usar nosso centro de gravidade o máximo possível, fazendo que o da barra esteja interatuando conosco durante a execução do movimento.

No presente capítulo, serão abordados os seguintes temas referentes ao LPO: a técnica; o porquê treinar LPO e a sua importância nos treinamentos de hoje; as descrições dos diferentes momentos das fases dos movimentos; a posição da mão durante a execução; e, ao final, fechando uma tabela que pode ser utilizada como ferramenta de acompanhamento técnico dos treinos, tudo com o olhar da Biomecânica.

A técnica

O LPO é um esporte que "demora" para formar um atleta. Alguns especialistas mencionam que o processo dura dois anos até que o esportista aprenda o necessário para fazer o movimento completo e bem-feito. O primeiro a se mencionar é a importância da técnica. Uma ótima execução do movimento vai minimizar o impacto nos tendões e nos ligamentos e o desgaste articular, além de diminuir a probabilidade de lesões. No entanto, a importância da execução técnica vai além. Pesquisas (Häkkinen *et al.*, 1987; Sale, 1988) demostraram que após 8-12 semanas de treino com exercícios de LPO, os atletas param de melhorar. Esse processo de melhora se refere às adaptações neuromusculares, que permitem a maior parte dos ganhos em força e em potência. À medida que os atletas ficam mais experientes, precisam treinar com maiores intensidades se desejam obter ganhos adicionais. Ou seja, ainda com técnica errada ou não tão "limpa" é possível progredir, porém, só até 3 meses após de iniciado o treino; depois disso, a melhora contínua só é conseguida mediante o refinamento contínuo do movimento. Por isso, é importante estar com um profissional que conheça o LPO e que tenha o "olho" treinado.

Se você já ficou olhando atletas de alto nível *in loco* ou em vídeos, é provável que tenha observado algumas modificações na técnica dos atletas. Isso se deve não a uma técnica diferente, mas, sim, a uma aplicação mecânica do movimento. A mecânica do LPO são as forças envolvidas com a barra e as causas por trás dela (gravidade, massa, distância que são constantes durante cada execução), e a técnica é a manifestação visual dessas forças (Burdett, 1982). Usamos essas causas anteriormente mencionadas com as variáveis presentes na execução (ângulos articulares, trajetória da barra, equilíbrio etc.) em prol de estabelecer, mecanicamente falando, a puxada mais eficiente possível (Bai, 2008).

Então, essas diferenças observadas se devem a peculiaridades antropométricas individuais (Musser, 2014), como extensão das pernas ou do tronco, ou a potencialidades musculares do atleta, que, em conjunto, especificam ações técnicas que ele precisa (mais uma vez, um bom treinador pode perceber essas particularidades).

Para exemplificar isso, observe a Figura 7.1. Trata-se de uma pesquisa (Bartonietz, 1996) em que se comparam dois atletas de elite fazendo marcas correspondentes a 98%–101% do recorde mundial da categoria de cada um deles. Nela, observa-se que as condições angulares das estruturas durante a execução do movimento diferem entre eles, em razão das diferenças nas dimensões dos segmentos individuais de cada atleta, mas a técnica e seus princípios são mantidos. Por isso, todos os bons treinadores têm diferentes métodos para ensinar a técnica, porém todos eles ensinam a mesma mecânica (Takano, 1993).

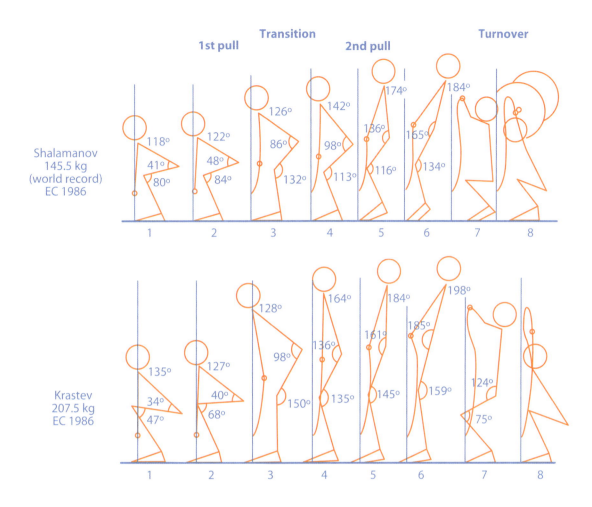

FIGURA 7.1 – Posições do corpo e percorrido da barra durante a execução do *snatch* entre dois atletas de diferentes categorias.
Fonte: adaptada de Bartonietz (1996).

Por que treinar LPO?

A primeira coisa que nos perguntamos é por que treinar LPO. Quais as razões científicas ou metodológicas da sua utilização na prática esportiva?

Quanto à ordem proprioceptiva, pode-se citar:

- *Desenvolvimento da consciência muscular (movimentos dos grupos musculares)*: os exercícios são movimentos funcionais que promovem a flexibilidade (tornozelos, coluna, quadris e ombros) e a estabilidade (*promovida pela habilidade de receber uma carga em uma posição de força em pé*).
- *Máximo desenvolvimento de potência*: a energia gasta em cada movimento é intensa, e isso ocorre em razão dos movimentos que exigem um uso combinado de todo o corpo, além da alta intensidade de recrutamento muscular.

- *Desenvolvimento de múltiplas habilidades ao mesmo tempo*: são muitos os detalhes a serem considerados durante a execução dos movimentos, além de incrementar fatores como aceleração, explosão, encaixe, entre outros; por isso o melhor é treinar repetidamente até deixar os movimentos automáticos, ou seja, "sentir" as posições nos diferentes ângulos executados.

Em relação à potência muscular:

- Grande parte da potência deve ser desenvolvida pelo corpo para ser transferida para a barra, deslocá-la por cima da cabeça (arranco e variações) ou até sobre os ombros (*clean* e variações). Isso desenvolve velocidade e precisão.
- *Tripla extensão*: as articulações dos tornozelos, dos joelhos e dos quadris devem se estender vigorosamente e em total coordenação para prover a quantidade necessária de explosão que permita sucesso no movimento. Esse mesmo movimento é usado na maior parte de modalidades esportivas, como basquete, futebol, natação, vôlei, golfe etc.
- *Ativação de unidades motoras*: em geral, as unidades motoras são recrutadas pelo aumento de força ou esforço (Wilmore, Costill e Kennedy, 2008). Nos movimentos do LPO, a intensidade do exercício é incrementada; por esse motivo, recruta-se maior quantidade de unidades motoras, especificamente, as fibras musculares de contração rápida do tipo II (Dias-Johnson, 2010), que são as que geram aior quantidade de força e de velocidade.

Maior benefício do LPO para outras modalidades esportivas: a extensão tripla

Há algum tempo, Enoka (1982) pesquisou sobre a potência muscular gerada pela articulação do joelho, que foi determinada considerando tanto a massa da perna como a resultante do torque muscular, calculada por meio da mecânica newtoniana e da velocidade angular da perna. Com base nos valores obtidos na potência instantânea, as observações sugeriam que a habilidade de um levantador de produzir potência muscular pelo joelho não era um fator limitante sobre a amplitude de movimento examinada. Era o início da avaliação da tripla extensão e das suas aplicações no esporte.

Algumas pesquisas, como a de Funato e Fukunaga (1989), descobriram que existia uma significante correlação linear (r = 0,838, p < 0,001) entre o final da tripla extensão (*final pull*) e a carga máxima alcançada na soma dos movimentos, e isso indicaria o nível de potência mecânica alcançada pelos levantadores de peso olímpico. Em outras palavras, o sucesso em gerar máximos níveis de potência muscular se encontra na correta execução da tripla extensão e na sua prática.

Há pesquisas que relacionam o uso da tripla extensão com a execução dos movimentos, em específico com o *power clean*. Esses estudos demonstraram que esse movimento incrementa a potência para o salto vertical e a habilidade para executá-lo (Comfort, Allen e Graham-Smith, 2011; Hoffman *et al.*, Johnson, 2001), além de ter alto impacto nas demandas metabólicas e de aumentar a resposta hormonal anabólica (Comfort, Allen e Graham-Smith, 2011).

Por isso, é de vital importância ter potência muscular na parte baixa do corpo para todos os esportes cuja *performance* explosiva dependa da execução da tripla extensão (quadril, joelho e tornozelo), isto é, esportes nos quais saltar, correr velozmente ou fazer mudanças de direção, entre outros fatores, seja determinante para o sucesso da prática (Suchomel, Comfort e Stone, 2015).

As fases dos movimentos

No presente capítulo, serão descritos dois movimentos do LPO: o *power snatch* e o *power clean*. Tanto o *snatch* como o *clean* são movimentos executados até que a pessoa esteja em uma posição profunda de agachamento. O termo *"power"* significa que o atleta recebe/encaixa o peso com as pernas, que devem ficar a, no máximo, 90°, pois mais do que isso já passa a ser *snatch* ou *clean*. Observe os exemplos mostrados na Figura 7.2.

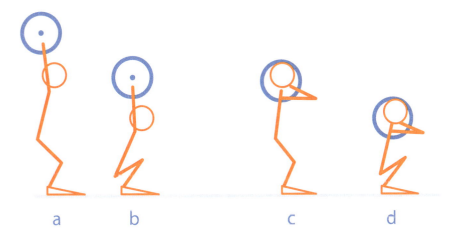

FIGURA 7.2 – Posições finais: (a) *power snatch*; (b) *snatch*; (c) *power clean*; (d) *clean*.

Para descrever os movimentos, alguns detalhes devem ser mencionados. O primeiro se refere às fases do levantamento. Diferentes autores consideram diferentes quantidades de fases. Para o presente capítulo, serão consideradas, como fazem alguns pesquisadores da área (Chiu, Wang e Chang, 2010; DeWeese *et al.*, 2012; Enoka, 1979; Gourgoulis *et al.*, 2000; Roman, 1988), apenas duas fases, as quais são estabelecidas observando o movimento de uma perspectiva lateral (Figura 7.3). Assim:

- Primeira fase (*first pull*):
  - posição inicial;
  - decolar, também conhecido como *lift off*;
  - traslado da barra até a altura do joelho.
- Segunda fase (*second pull*):
  - considera desde quando a barra está na altura do joelho até a parte alta das coxas; alguns autores chamam essa parte de *transição*, mas, seja como for, é nela que se começa a imprimir a máxima velocidade possível na barra;
  - considera o momento de explosão máxima (a tripla extensão).
  - Adiciona-se o encaixe (chamado de *turnover*), que pode ser em "*power*" ou em uma das posições finais profundas.

É imperativo indicar que as fases são as mesmas para ambos os movimentos (*clean* ou *snatch*).

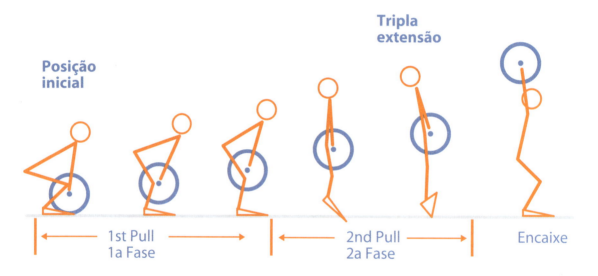

FIGURA 7.3 – Fases do levantamento de peso.

Agora, serão descritas as partes mais importantes de cada fase, tentando detalhar as questões biomecânicas que cada uma delas implica.

- *Posição inicial*: antes de detalhá-la, é preciso indicar que a posição inicial é individual para cada atleta, já que ela cria uma base forte de início, além de permitir alcançar a máxima aceleração vertical para levantar a barra (Schoessow, 2014). Em linhas gerais, o que pode ser executado é: os pés embaixo da barra e ligeiramente afastados, o corpo firme, os braços retos e os cotovelos apontando para os lados, a cabeça para cima e as costas côncavas, os quadris mais altos do que os joelhos, os ombros devem ficar "adiante" da barra. Observe a Figura 7.4.

Do lado esquerdo, há uma pesquisa feita por Zatsiorsky (1966), na qual se compara a carga nos discos intervertebrais (levantando 50 kg) com diferentes posturas, em que (a) é a técnica incorreta e (b) é a correta. Observe que a compressão dos discos em (a) chega a ser de 630 kg e de a distribuição da carga afeta muito mais um lado, fazendo um efeito de cisalhamento, o que geraria uma lesão, ao passo que, em (b), a carga é de 380 kg e obedece a uma distribuição homogênea na estrutura. Do lado direito da figura, a representação de uma atleta da seleção chinesa estabelecendo a posição de início, que obedece à posição anteriormente descrita, com a coluna no formato adequado.

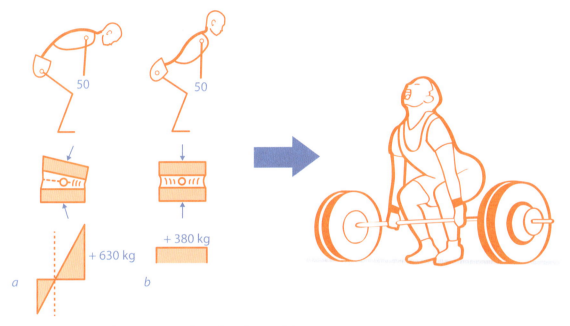

FIGURA 7.4 – Movimento por atleta da seleção chinesa.
Fonte: adaptada de Zatsiorsky (1966).

- *Lift off (decolar, a saída)*: os primeiros 3 a 4 cm devem ser muito controlados e feitos devagar. A barra passa pelos tornozelos, quase os raspando (usar meias altas pode ajudar a evitar feridas ocasionadas pelo atrito da barra). As pernas se estendem até que a barra alcance os joelhos. Devemos sentir que o peso se encontra na parte do meio do pé, levemente para os calcanhares. Mantenha os cotovelos apontando para "fora". Os quadris e os ombros se movimentam na mesma velocidade, e o mais importante para essa parte do movimento é manter constante o ângulo de inclinação dos quadris, ou seja, só as pernas devem se estender.

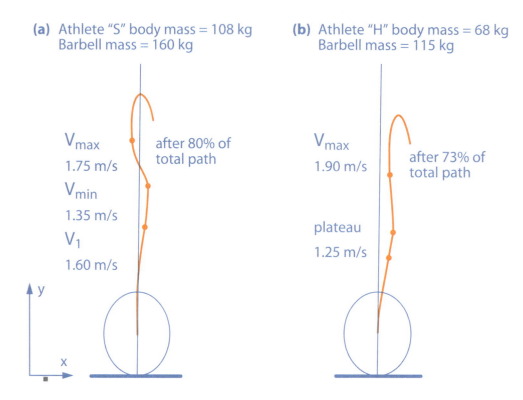

Figura 7.5 – Percurso da barra relacionado aos valores da velocidade.
Fonte: adaptada de Bartonietz (1996).

A experiência nos treinos tem demonstrado a muitos treinadores que quanto maior o controle no início do movimento, melhor a sua execução. Algumas pesquisas (Bartonietz, 1996; Chapman, 2008; Gourgoulis *et al.*, 2000) mostraram que existe uma relação direta entre a velocidade inicial da barra e a aceleração máxima conseguida durante a extensão final do movimento.

Na Figura 7.5, é exposta essa situação. Há dois atletas (S e H). O primeiro (S) tem massa de 108 kg e levanta 160 kg; o segundo (H) tem massa de 68 kg e levanta 115 kg. O atleta H consegue uma velocidade máxima de 1,90 m/s *versus* 1,75 m/s, a velocidade de S; e H levanta mais peso, proporcionalmente a S, em comparação com suas massas. Isso se deve ao *lift off* controlado, com a velocidade inicial baixa e a trajetória da barra que fica "colada" no atleta durante todo o movimento, mas da trajetória falaremos depois.

- *Segunda fase*: nela, começa a acontecer um aumento gradual da velocidade. Não só se aumenta a velocidade do movimento, como também se prepara o corpo para gerar o momento de explosão máxima, a tripla extensão. Para isso, é preciso considerar os seguintes pontos: os pés se preparam para gerar o pico de explosão, os quadris e os joelhos se deslocam para a frente e para baixo, gerando a dupla flexão do joelho (DBK, sobre a qual este capítulo não se debruçará), os braços continuam esticados, com os cotovelos apontando para fora.

- *Tripla extensão*: é o momento de explosão máxima. Empurra-se o chão com a máxima velocidade possível, os trapézios "puxam" com muita energia, os braços ficam estendidos e os cotovelos ainda ficam apontam para fora. A barra deve ficar o mais perto possível do corpo. O movimento de explosão deve ser idêntico para todos os atletas, independentemente de biótipos, de pesos ou de escolas de LPO.
- *Trajetória da barra*: talvez seja o fator mais pesquisado pelos cientistas, em virtude de toda a cinemática envolvida na sua execução. Além disso, a técnica observada até agora visa não só conseguir a altura necessária para fazer o encaixe final, mas, também, fazer que a trajetória seja o mais perto possível do corpo. Observe a Figura 7.6. Em laranja, está a linha de gravidade do atleta e em azul está a linha de gravidade da barra. Na posição inicial, elas estão separadas (a); no momento do *lift off* até o momento da tripla extensão (b, c), pode-se observar que ambas as linhas ficam cada vez mais perto, inclusive, entre (c) e (d) pode-se observar que um atleta com técnica já desenvolvida consegue colocar a linha de gravidade detrás da sua, permitindo, assim, melhores condições de aceleração vertical da barra. Chegar ao ponto (d) toma tempo, mas nada que não se consiga com treino e perseverança.

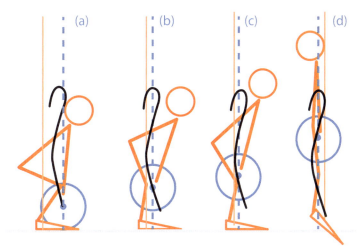

FIGURA 7.6 – Descrição da trajetória da barra para os movimentos de *snatch* e *clean*

- *Mão*: tem uma importância quase ignorada pelos atletas e por alguns técnicos, mas a parte mais importante é a sua posição, em particular, a angulação em função da vertical. Observe a Figura 7.7. À esquerda, consta o posicionamento correto da mão durante a execução de todo o movimento. À direita, a forma mais comum de pegar a barra, porém errada. Se, durante a execução do movimento, o atleta tiver a mão em 180°, seus dedos suportarão toda a carga (situação fácil de abrir a pegada e gerar algum acidente). Na posição à esquerda, é possível não só aproximar mais a barra para a nossa linha de gravidade como também, no momento da tripla extensão, consolidar a mão (palma, dedos) e o antebraço como uma estrutura sólida para puxar a barra.

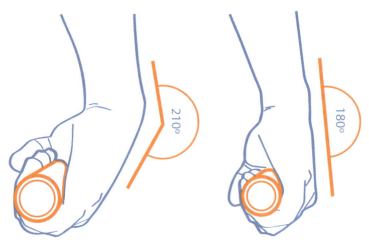

Figura 7.7 – Posição da mão durante a execução dos movimentos de LPO.

Modelo de parâmetros qualitativos analisados

Tabela 7.1 – Parâmetros observados durante a execução (*lift off* – puxada)

Antes do início do movimento	Sim	Não	Quase	Observações
Pés: firmes sobre o chão e barra diretamente sobre o pé				
Braços estendidos				
Costas planas/cabeça erguida e joelhos afastados				
Cotovelos para fora				
Mãos posicionadas corretamente				
Começo do levantamento (*lift off*)				
Pés ficam planos sobre o chão				
O movimento é só com as pernas				
Quadris ficam acima dos joelhos				
Cotovelos para fora				
Ombros estão mais à frente que a barra, e não em linha com ela				
Joelhos afastados				
Cabeça levantada e mãos em 130°–140°				
Barra chega à altura dos joelhos	Sim	Não	Quase	Observações
Pés permanecem planos no chão				
Quadril acima dos joelhos				
A barra é elevada perto das canelas				
Os joelhos estão detrás da barra				
Ombros estão diante da barra				
Cotovelos rotados para fora				
Cabeça levantada e mãos em 130°–140°				

Continua

Continuação

Barra passou os joelhos	Sim	Não	Quase	Observações
Pés planos				
Quadris detrás da barra, mas acima dos joelhos				
Tronco quase vertical e muito firme				
Braços esticados, cotovelos para fora e mãos em 130°–140°				
O tronco começa a estender-se, com a máxima velocidade possível				
Segunda puxada	**Sim**	**Não**	**Quase**	**Observações**
Quadris se estendem com energia				
Ombros se movem acima				
Elevação de trapézios				
Pontas dos pés em flexão plantar				
Braços ficam estendidos				
Cotovelos rotados para fora				
Cabeça levantada				
Tronco reto e firme				
Barra se desloca perto do corpo				

Fonte: adaptado de Noriega e Lamas (2010).

Nas execuções dos movimentos de halterofilismo, a técnica é um elemento fundamental, a ser considerado pelas seguintes razões:

- Consegue-se uma grande transferência do efeito de treino para a sua modalidade esportiva se você utiliza uma técnica razoavelmente boa no desenvolvimento dos exercícios.
- Porque a eficiência e o êxito de um levantamento são proporcionais ao desenvolvimento da sua "explosão" na biomecânica correta dele.
- Reduz o risco de lesões.

Portanto, a técnica deve ser continuamente analisada e avaliada pelos treinadores durante os treinos e ao longo do tempo. Assim, a experiência neste tipo de avaliação é obtida do trabalho visual contínuo (observação) e estatístico (controle).

Indicações para o uso da tabela de parâmetros

- Consiga uma câmara fotográfica, um celular ou um dispositivo que tenha opção de vídeo (um recurso técnico necessário para todo treinador). Dessa maneira, será possível filmar a execução do movimento de *power snatch* ou de *power clean*. O início deve se dar na metade dos tornozelos e terminar em pé com a barra acima de você e os braços estendidos. Pode-se usar uma barra olímpica como uma barra normal de academia.

- É preciso aquecer-se bem e lembrar-se de que são movimentos muito técnicos e explosivos. Então, recomenda-se pegar um peso leve (de 25 a 30 kg) ou que corresponda a 30% de seu peso corporal. Se o movimento já for conhecido, pode-se usar um peso maior (60%–70% do máximo).
- Ao fazer a execução (escolhe-se qual série feita será gravada), use a tabela disponibilizada para comparar os seus movimentos com os descritos no texto.
- Assinale "**sim**", quando o movimento for bem-feito; marque "**não**", quando não for bem realizado; indique "**quase**", quando for feito com uma efetividade aquém à esperada.
- Analise bem cada posição e leve sempre em conta a execução e a explosão do movimento. No campo "**Observações**", escreva detalhes percebidos (estabilidade da barra ao final; estados muito rígidos do corpo; flexibilidade etc.). Use os seus conhecimentos em Biomecânica e sua percepção professional para isso.
- Faça 3 ou 4 treinos em dias diferentes (para que o cérebro faça a adequação e a assimilação da técnica) com o mesmo peso usado anteriormente. Então, será possível obter a mesma quantidade de vídeos analisados e de tabelas com a descrição dos movimentos.

8

CONCEITOS FÍSICOS DO MEIO LÍQUIDO

Capítulo de autoria da colaboradora:
Profa. Dra. Maria Isabel Veras Orselli

O ambiente aquático é bastante popular para a prática de atividades que objetivam o condicionamento físico, o treinamento de força e a reabilitação. O fato de a água – em especial, a piscina rasa – ser considerada por muitos um ambiente agradável e divertido para a prática de atividades física, obviamente contribui para tornar popular o uso desse ambiente. No entanto, não é apenas por esse motivo que a piscina é cada vez mais utilizada para os fins mencionados.

As propriedades físicas da água, como viscosidade, densidade e calor específico, conferem ao ambiente aquático características distintas do ambiente terrestre, no qual estamos acostumados a nos mover e que está envolto em ar. No caso do ambiente aquático, são as propriedades físicas do fluido no qual o corpo humano está imerso que definem sua interação com o ambiente, ou seja, a resistência que o fluido irá oferecer ao movimento do corpo, a sustentação que ele irá proporcionar, a pressão que irá exercer sobre os tecidos corporais e, também, como irá ocorrer a troca de calor entre o corpo humano e o ambiente. Portanto, são as propriedades físicas da água que a tornam um ambiente diferenciado para a prática de atividades físicas.

Do ponto de vista fisiológico, é importante entender como se dá a troca de calor entre o corpo humano e o fluido, e como a pressão exercida sobre o corpo que está submerso pode alterar a circulação sanguínea, o ritmo respiratório e os reflexos neuromusculares (Edlich *et al.*, 1987; Frangolias e Rhodes, 1996). No entanto, não se entrará em detalhes sobre esses tópicos. Neste capítulo, vamos discutir os princípios físicos do meio líquido do ponto de vista da Biomecânica, com foco nas forças que surgem da interação entre um corpo submerso que se move e o meio que o envolve, nominalmente, as forças de arrasto e de empuxo.

A *força de arrasto* age sobre o corpo que está em movimento no fluido e oferece resistência ao seu deslocamento, ou seja, é uma força que atua na direção oposta à do movimento corporal e tende a freá-lo (Figura 8.1). Por conseguinte, em inúmeras atividades, há predominância da ação dos músculos agonistas, que precisam fornecer energia continuamente para manter o movimento dos segmentos e das articulações. A ação da força de arrasto sobre os segmentos corporais também faz que os indivíduos, ao se movimentarem na água, acabem adotando velocidades inferiores às que costumam adotar em ambiente terrestre (Barela e Duarte, 2008; Barela, Stolf e Duarte, 2006; Orselli e Duarte, 2011; Pöyhönen *et al.*, 2002).

O *empuxo* (aqui, será considerado em detalhes apenas o hidrostático), por sua vez, é a força que oferece sustentação ao peso dos segmentos corporais (Figura 8.1), o que determina se certo segmento tenderá a flutuar ou a imergir. Essa força atua na direção vertical, no sentido oposto ao da força peso (ou força gravitacional), contrabalanceando seu efeito. Por esse motivo, o empuxo proporciona a sensação de redução do peso corporal e pode contribuir para a diminuição da carga mecânica sobre as articulações, sobretudo em atividades que exijam o contato com o solo (Barela, Stolf e Duarte, 2006; Harrison, Hillman e Bulstrode, 1992; Orselli e Duarte, 2011; Prins e Cutner, 1999).

Conceitos físicos do meio líquido | 293

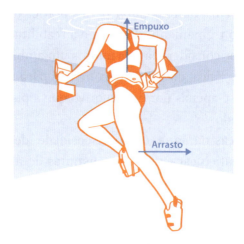

Figura 8.1 – Forças de sustentação (empuxo) e de resistência (arrasto) a que o corpo humano está sujeito quando imerso em água.

A ação das forças de arrasto e de empuxo também tornam a piscina com água rasa um ambiente seguro à prática de atividades físicas. O fato de os segmentos e as articulações submersos se moverem mais lentamente contribui para um controle melhor dos movimentos articulares e segmentares, além de permitir que eventuais erros posturais sejam percebidos e corrigidos dentro de um intervalo de tempo maior, evitando a queda. Ademais, o risco de ferimento por queda dentro da piscina é menor, uma vez que, em movimentos verticais para baixo, tanto a força de arrasto quanto o empuxo se opõem à ação da força gravitacional, diminuindo rapidamente a velocidade de queda.

A segurança com relação a quedas é um dos fatores que faz a prática de atividade física em ambiente aquático ser prescrita à população idosa ou mesmo a crianças e a adultos com comprometimentos neuromusculares ou transtornos do neurodesenvolvimento. Na piscina, esses indivíduos podem realizar com segurança certas atividades que, em ambiente terrestre, seriam muito difíceis ou, até mesmo, impossíveis (Campion, 2000). A atividade física em ambiente aquático também pode beneficiar indivíduos para os quais a prescrição do exercício em terra é restrita em virtude da necessidade de evitar a exposição às forças decorrentes do contato dos pés com o solo. Esse é o caso, por exemplo, de indivíduos acometidos por doenças nas articulações do membro inferior ou que estiverem em processo de recuperação de lesões ou de cirurgias ortopédicas (Barela e Duarte, 2008; Takeshima *et al.*, 2002).

Contudo, é importante ressaltar que, a despeito das vantagens descritas, a recomendação de exercícios na água deve ser feita com cautela, levando em conta possíveis desvantagens e precauções ante o objetivo da prática e as condições do praticante. Como será apresentado em mais detalhes a seguir, as cargas sobre os músculos e as articulações do indivíduo que se exercita na água dependerão das forças de resistência ao movimento e do nível suporte ao peso corporal presentes. Esses, entre outros fatores, dependem da velocidade das articulações e segmentos e do nível de imersão do corpo. Assim, é necessário conhecer os princípios físicos que explicam as forças que atuam sobre um corpo em movimento, imerso em um fluido, para que se possa compreender e manipular, com segurança e eficiência, as cargas impostas sobre o sistema musculoesquelético pela prática da atividade física no ambiente aquático. Neste capítulo, serão introduzidos esses princípios.

A água e suas propriedades físicas

A *água* é uma substância que, quando submetida a forças de cisalhamento ou de tração, deforma-se, ou seja, flui, escoa. Como toda substância que se deforma sob a ação dessas forças, a água é considerada um *fluido* (Hall, 2005; Halliday, Resnick e Walker, 2016). Outro exemplo de fluido é o ar. Portanto, uma substância não precisa ser líquida para ser um fluido.

Para que determinada porção de um fluido como a água fique parada – o que ocorre, por exemplo, quando o fluido está contido dentro de um recipiente –, só forças compressivas podem atuar sobre essa porção do fluido. Isso significa que, em água parada, apenas forças compressivas resultam da interação entre porções de fluido adjacentes, o fluido e um objeto imerso, e o fluido e as paredes do recipiente que o contém (Halliday, Resnick e Walker, 2016). Forças compressivas aplicadas sobre a superfície de um material, seja ele líquido ou sólido, geram uma pressão sobre ele. Define-se pressão como a razão entre a força compressiva ($F_\perp$) que atua perpendicularmente a uma determinada área (A), e o valor dessa área, como na equação 8.1.

$$p = \frac{F_\perp}{A} \quad (8.1)$$

A unidade de medida para a grandeza física pressão, no Sistema Internacional (SI), é o Pascal (Pa), que equivale a 1 N/m² (N: Newton, unidade de medida de força; m²: unidade de medida de área). Com frequência, vê-se a pressão representada com a unidade de medida atmosfera (atm), que equivale, aproximadamente, a 10^5 N/m², ou a 10^5 Pa. A pressão que o fluido que está acima de um corpo imerso exerce sobre esse corpo depende da sua densidade.

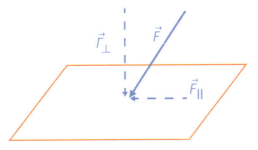

FIGURA 8.2 – Quando uma força é aplicada obliquamente em relação a uma determinada área, apenas a componente da força perpendicular a essa área gera pressão; a força paralela gera tensões de cisalhamento.

> *Hidrostática* é o ramo da Física que estuda as forças que atuam sobre a água em repouso.

Define-se *densidade* (*d*) como a razão entre a massa de determinada substância (*m*) e o volume que essa massa ocupa (*V*). Essa relação é dada pela equação 8.2.

$$d = \frac{m}{V} \quad (8.2)$$

A unidade de medida para densidade no SI é o kg/m³ (kg: unidade de massa; m³: unidade de volume), no entanto, com frequência, vê-se a grandeza densidade sendo representada com a unidade g/cm³ (1 g/cm³ = 1.000 kg/m³). A densidade da água depende de sua temperatura. Nos exemplos discutidos adiante, considera-se o valor de 1 g/cm³ para a densidade da água, o que é uma aproximação razoável para as temperaturas.

Como a densidade da água é maior que a densidade do ar, a pressão que uma camada de água exerce sobre um corpo imerso nesse fluido também é maior que a pressão exercida por uma camada de ar de mesma altura. A pressão que uma coluna de água exerce sobre um corpo submerso é muitas vezes maior que a pressão exercida por uma coluna de ar de mesma altura. A atmosfera terrestre tem, aproximadamente, 100.000 m (100 km) de altura até o nível do mar e exerce sobre nosso corpo uma pressão de cerca de 10^5 N/m², ou 1 atm. Essa mesma pressão é exercida pela água sobre um mergulhador que está submerso a apenas 10 m de profundidade. Isso significa que, nessa profundidade, o corpo do mergulhador está sujeito a uma pressão igual a 2 atm, o que corresponde à pressão exercida pelo ar acima dele somada à pressão exercida pela água acima dele.

Esse cálculo pode ser feito por meio da equação 8.3, que relaciona a pressão sobre um corpo submerso com a sua profundidade de imersão (*vide* detalhes do cálculo no Exemplo 1). Nela, $p = p_{atmosfera}$ é a pressão atmosférica no local; *d*, a densidade da água; *g*, a aceleração da gravidade; e *h*, a profundidade de imersão. A equação mostra que, para obter a pressão sobre o corpo, é preciso somar a pressão exercida pelo peso da coluna de água acima do corpo (o termo *d . g . h*) à pressão exercida pelo peso da atmosfera.

$$p = p_{atmosfera} + d \cdot g \cdot h \quad (8.3)$$

Exemplo 1 – *Qual a pressão a que está sujeito um mergulhador a 10 m de profundidade?*

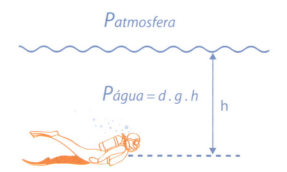

A pressão atmosférica ao nível do mar é de 100.000 N/m².

A pressão total que o mergulhador sente é igual à soma da pressão atmosférica ao peso da coluna de água sobre ele. Considerando a densidade da água, aproximadamente, 1.000 kg/m³, então, a pressão sentida pelo mergulhador será:

$$p = 100.000 \ N/m^2 + 1.000 \ kg/m^3 \ . \ 10 \ m/s^2 \ . \ 10 \ m = 200.000 \ N/m^2 = 2 \ atm$$

Assim, uma pessoa dentro de uma piscina com 1 m de profundidade sente em seus pés uma pressão equivalente a 1,1 atm. Essa pressão é menor nos segmentos proximais, pois a coluna de água sobre eles é menor, e é igual a 1 atm nas partes de seu corpo que não estão submersas. Ou seja, há um gradiente de pressão dos pés até a parte do corpo que não está submersa (pressão maior nos pés e menor nas partes não submersas). Acredita-se que essa diferença de pressão (0,1 atm) possa auxiliar no tratamento de problemas circulatórios, uma vez que essa a diferença de pressão de 0,1 atm é superior à pressão exercidas por algumas meias compressivas (Duarte, 2004). Outro efeito da pressão hidrostática sobre o corpo imerso ao nível do tórax ou superior é a alteração na mecânica respiratória. A pressão exercida pela água sobre o pulmão dificulta a inspiração e auxilia a expiração. Esse efeito deve ser considerado com cuidado na prescrição da hidroterapia.

Até agora, tratou-se do fluido parado, sem escoar. Um fluido irá escoar quando forças de cisalhamento e tração são aplicadas sobre ele. Isso ocorre, por exemplo, quando um objeto submerso tenta se deslocar, pois, para isso, precisa deslocar toda a matéria que está em seu caminho. Nessa situação, surgem forças na superfície de contato entre o objeto que se move e o fluido, as quais tendem a provocar o deslocamento de porções de fluido adjacentes. Esse deslocamento é resistido pelas forças de ligação que mantém juntas as moléculas do material, "dificultando", assim, o movimento do objeto. A viscosidade é a grandeza física que quantifica a resistência que um material oferece ao deslocamento relativo de suas camadas internas, ou seja, ao escoamento (Nussenzveig, 2014).

Quanto mais viscoso um fluido, maior a resistência que ele oferece ao escoamento e, portanto, maior a resistência que ele oferece ao movimento de corpos em seu interior. A unidade de medida de viscosidade no SI é N.s/m². A viscosidade de um fluido também depende da sua temperatura. Para a água a 20 °C, esse valor é de, aproximadamente, 0,001 N.s/m².

Hidrodinâmica é o ramo da Física que estuda as forças
que atuam sobre a água em movimento.

Conceitos físicos do meio líquido

As forças de interação entre o corpo humano e o ambiente aquático

Quando um corpo, parado ou em movimento, está imerso, ele desloca as moléculas do fluido, o que dá origem a forças de interação entre o corpo e o fluido. Essas forças podem promover sustentação, opondo-se à ação da gravidade, ou resistência ao movimento, quando atuam no sentido oposto ao do escoamento do fluido, o que é o caso da força de arrasto. Nesta seção, essas forças serão discutidas mais detalhadamente.

Empuxo

Quando um corpo está parcial ou completamente submerso em água, a pressão que a coluna de água exerce na porção superior e inferior desse objeto é diferente. Essa diferença de pressão gera uma força vertical no sentido oposto ao da força gravitacional, com intensidade igual ao peso do volume de água que foi deslocado pelo fluido. A existência dessa força foi enunciada por Arquimedes.

> *Princípio de Arquimedes*: quando um corpo está parcial ou totalmente imerso em um fluido, um empuxo, exercido pelo fluido, atua sobre esse corpo, de intensidade igual e em sentido contrário ao peso da porção de fluido deslocada. (Nussenzveig, 2014, p. 22, grifo nosso, tradução nossa)

Quando se coloca um objeto sólido dentro da água, ele desloca um volume de água igual ao seu volume submerso (Figura 8.3*a*). De maneira semelhante, quando submergimos uma parte de nosso corpo, também deslocamos um volume de água, igual ao do volume do corpo submerso (Figura 8.3*b*).

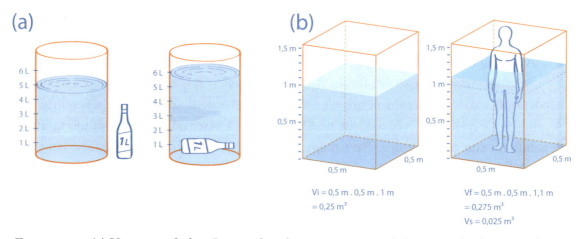

FIGURA 8.3 – (a) Uma garrafa de 1 L, quando submersa em um recipiente graduado contendo água, desloca 1 L de água, o que, portanto, aumenta o volume medido em 1 L. (b) Uma pessoa parcialmente submersa em um tanque graduado contendo água ($V_{inicial} = 0{,}250$ m³) desloca uma quantidade de água igual ao volume da parte do corpo submersa ($V_{final} = 0{,}275$ m³). Nesse exemplo, o volume submerso é $V = 0{,}025$ m³.

Se o volume de água deslocada é conhecido, é possível calcular a massa de água deslocada por meio da equação $d = \frac{m}{V}$ e, por conseguinte, o empuxo que atua no corpo, pois, segundo o princípio de Arquimedes, o empuxo é uma força de intensidade igual ao peso da água deslocado pelo corpo imerso. Matematicamente, esse princípio é enunciado pela equação 8.4, e sua aplicação pode ser verificada no exemplo 2. Na equação, E é o empuxo; V é o volume de fluido deslocado, que é igual à porção do volume do objeto que está imersa no fluido; d é a densidade do fluido; e g, a aceleração da gravidade. A unidade de medida do empuxo, assim como as forças de outra natureza, é o Newton.

$$E = V \cdot d \cdot g \quad (8.4)$$

A densidade de um fluido depende da sua temperatura e, como consequência, o empuxo também. No caso específico da água, a variação da densidade, na faixa de temperatura em que usualmente ela é mantida durante a prática de atividades físicas, é muito pequena. Com o aumento da temperatura da água de 4 °C para 30 °C, a densidade diminui em torno de 0,5%, o que significa que o empuxo irá diminuir na mesma quantidade.

Exemplo 2 – *Calcular a massa e o peso da água deslocada quando uma pessoa está parcialmente imersa em água, como na Figura 8.3b.*

Se considerar a densidade da água igual a 1.000 kg/m³ e que o volume de água deslocado na situação exemplificada na Figura 8.3b é V = 0,025 m³, então, a massa de água deslocada é:

$$d = \frac{m}{V} \Leftrightarrow m_{\text{água}} = V \cdot d_{\text{água}} = 1.000 \ kg/m^3 \cdot 0,025 \ m^3 = 25 \ kg$$

Portanto, o empuxo (E), que é igual ao peso da água deslocada, é:

$$E = P_{\text{água}} = m_{\text{água}} \cdot g = 25 \ kg \cdot 9,8 \ m/s^2 = 245 \ N$$

Observe que, ao resolvermos o problema dessa maneira, estamos demonstrando a equação $E = V \cdot d \cdot g$.

O empuxo é uma força que surge quando o corpo está imerso em qualquer fluido, inclusive no ar. No entanto, quando estamos envoltos pelo ar, essa força é muito pequena, muito menor que o nosso peso corporal, por isso, não flutuamos. Na água, pode acontecer o inverso: o peso corporal de um objeto pode ser inferior ao valor do empuxo que atua sobre seu corpo quando ele está totalmente submerso, e, nesse caso, o objeto consegue flutuar na superfície da água. Essa situação está representada no exemplo 3. Portanto, o que define se um objeto irá ou não flutuar ao ser colocado em um meio fluido é a relação entre o seu peso e o empuxo a que está submetido.

Conceitos físicos do meio líquido | 299

Exemplo 3 – *Uma pessoa ocupa um volume de 0,07 m³, considerando a densidade do ar, ao nível do mar, a uma temperatura de 20 °C, igual a 1,2 kg/m³. O empuxo que atua em nosso corpo sob essas condições é:*

$$E_{ar} = Vd_{ar}g = 0,07\ m^3 = 1,2\ kg/m^3 \cdot 9,8\ m/s^2 = 0,82\ N$$

No ar, o empuxo é menor que o peso associado a uma massa de 100 g. Essa pessoa totalmente submersa em água está sujeita à seguinte força de flutuação:

$$E_{água} = Vd_{água}g = 0,07\ m^3 \cdot 1.000\ kg/m^3 \cdot 9,8\ m/s^2 = 686\ N$$

Isso corresponde ao peso de uma pessoa de 70 kg.

Quando o peso do corpo totalmente submerso é menor do que o empuxo que atua sobre ele, o corpo tende a se mover em direção à superfície e parte de seu volume emerge. O empuxo que atua sobre esse corpo diminui à medida que parte do volume se desloca para fora da água, até que se atinja a situação de equilíbrio, ou seja, quando peso e empuxo forem iguais (Figura 8.4). A condição para que um corpo se mantenha flutuando na superfície da água é que a densidade desse corpo seja menor que a densidade da água. No caso do corpo humano, os segmentos corporais terão maior ou menor dificuldade em serem mantidos na superfície da água, de acordo com sua densidade.

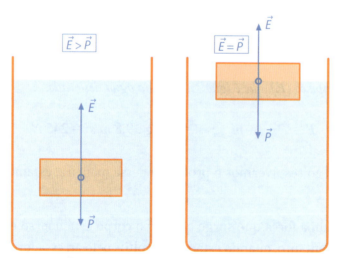

FIGURA 8.4 – Quando o peso ($\vec{P}$) do corpo totalmente submerso é menor do que o empuxo ($\vec{E}$) que atua sobre ele, o corpo tende a se mover em direção à superfície e parte de seu volume emerge. Na situação de equilíbrio, o peso do corpo e o empuxo que atua sobre ele se igualam, e o corpo flutua na superfície da água.
Fonte: adaptado de Máximo e Alvarenga (2006).

O corpo humano é composto de diversos tecidos biológicos que têm diferentes densidades. Por exemplo, a densidade da gordura humana varia de 0,94 a 0,96 g/cm³;

a do osso compacto é de cerca de 1,8 g/cm³, ao passo que a do osso esponjoso é de 1,1 g/cm³; os pulmões, quando cheios (durante a inspiração), têm densidade 0,15 g/cm³, já vazios (durante a expiração), têm densidade de 0,25 g/cm³; o tecido muscular tem densidade que varia de 1,06 a 1,08 g/cm³ e as vísceras e os fluidos corporais têm densidade de 1,06 g/cm³ (Zatsiorsky, 2002). Assim, a densidade média do corpo humano, varia de acordo com a composição corporal do indivíduo. Além disso, o corpo humano não é homogêneo, ou seja, a densidade varia nas diferentes partes do corpo. A Figura 8.5 mostra intervalos de valores para as densidades dos vários segmentos corporais. Nota-se que o tórax tem densidade menor que a densidade da água, portanto, tende a flutuar, e os segmentos das extremidades, como as mãos e os pés, têm densidade maior que a densidade da água, dessa maneira, tendem a submergir.

Uma maneira de inferir sobre o nível de dificuldade que um indivíduo terá em se manter flutuando na superfície da água, é avaliar o valor da sua densidade corporal média: quanto menor esse valor, mais fácil é flutuar. A densidade corporal em homens, por exemplo, pode variar de 1,03 a 1,11 g/cm³. Em indivíduos com obesidade, chega a valores mais baixos, em torno de 1,01 g/cm³ (Zatsiorsky, 2002). Contudo, mesmo em indivíduos com densidade corporal média mais baixa, o valor é, em geral, superior ao da densidade da água. Então, como se explica o fato de sermos capazes de flutuar?

A explicação começa pelo fato de que os valores de densidade apresentados desconsideram o volume ocupado pelos gases nos pulmões, nas vias respiratórias e no trato gastrintestinal. Ao considerar esses volumes, nota-se que a densidade corporal média em uma mulher adulta, por exemplo, pode variar de 0,98 g/cm³, durante a máxima inspiração, a 1,02 g/cm³, durante a máxima expiração. Ou seja, quando inflamos nossos pulmões a densidade corporal média pode atingir valores inferiores a 1,0 g/cm³ (Zatsiorsky, 2002). Por isso, quando inflamos ao máximo nossos pulmões, tendemos a nos manter flutuando e, quando expiramos ao máximo, tendemos a afundar. Além disso, como ressaltado anteriormente, a região torácica do tronco tem densidade inferior à da água e, assim, funciona como uma espécie de boia para os membros inferiores e superiores, que apresentam densidades superiores.

Como o empuxo que atua sobre um corpo depende do volume submerso, uma pessoa que tenta flutuar numa posição horizontal, com a cabeça para fora da água, pode controlar o quanto seu tronco afunda, elevando os membros inferiores e superiores. Uma possível situação é discutida no exemplo 4. Neste exemplo, considera-se que o indivíduo que tenta flutuar tem a densidade corporal média de 0,98 g/cm³ quando seus pulmões estão completamente inflados. Para essa pessoa flutuar na superfície da água, cerca de 2% do seu volume corporal deve permanecer fora da água. Se esse volume aumentar – por exemplo, se ela elevar os dois braços para fora da água – o empuxo diminui, e o corpo tende a afundar, até que, novamente, apenas 2% do volume corporal fique fora da água.

Exemplo 4 – *Qual o volume corporal que deve permanecer submerso para que uma pessoa flutue na superfície da piscina, mantendo seus pulmões completamente inflados?*

O peso de qualquer pessoa é dado pela relação:

$$p = m \cdot g$$

Sabe-se que a massa de uma pessoa pode ser calculada pelo produto entre volume corporal ($V_{corporal}$) e densidade corporal média ($\bar{d}_{corporal}$):

$$m = V_{corporal} \cdot \bar{d}_{corporal}$$

Então, é possível reescrever o peso da pessoa como:

$$P = V_{corporal} \cdot \bar{d}_{corporal} \cdot g$$

Nesse exemplo, assume-se que a densidade corporal média do indivíduo é 0,98 g/cm³, já que ele mantém seus pulmões completamente inflados.

O empuxo é calculado por:

$$E = V_{submerso} \cdot \bar{d}_{água} \cdot g$$

Na condição de equilíbrio, quando a pessoa flutua, a intensidade do empuxo é igual à da força peso:

$$E = P$$

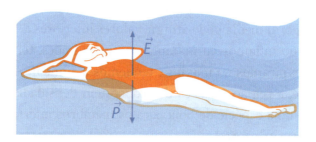

Obtém-se a seguinte relação:

$$V_{submerso} \cdot d_{água} \cdot g = V_{corporal} \cdot \bar{d} \cdot g \Rightarrow V_{submerso} \cdot d_{água} = V_{corporal} \cdot \bar{d}$$

Considerando a densidade da água igual a 1 g/cm³:

$$V_{submerso} \cdot 1\ g/cm^3 = V_{corporal} \cdot 9,8\ g/cm^3$$

Logo:

$$V_{submerso} = 0,98 \cdot V_{corporal}$$

Isso significa que, para uma pessoa cuja densidade corporal média é 0,98 g/cm³ flutuar na superfície da água, 98% do seu volume corporal deve estar submerso, ou, de maneira equivalente, 2% deve estar fora da água.

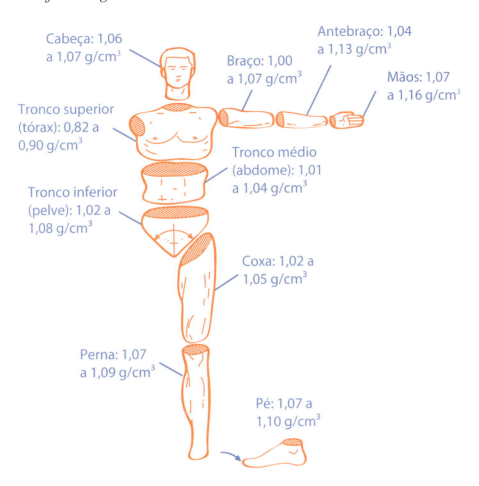

FIGURA 8.5 – Faixa de valores para as densidades médias de diversos segmentos corporais. Valores segundo Zatsiorsky (2002).

Quando uma pessoa fica em pé em uma piscina com água rasa, o empuxo sobre seu corpo não é suficiente para fazê-la flutuar. Nessas condições, no entanto, a ação do empuxo diminui as forças de contato entre os pés do indivíduo e o solo, proporcionando uma sensação de redução do peso corporal. Por esse motivo, costuma-se dizer que o peso aparente na piscina é menor do que fora dela. Chama-se de *peso aparente* o valor do peso corporal menos o valor do empuxo que atua sobre o corpo (equação 8.5).

$$P_{ap} = P - E \quad (8.5)$$

O valor do peso aparente é igual ao valor da força de reação do solo que atua sobre nossos pés quando nos mantemos parados dentro da piscina em certo nível de imersão (Figura 8.6).

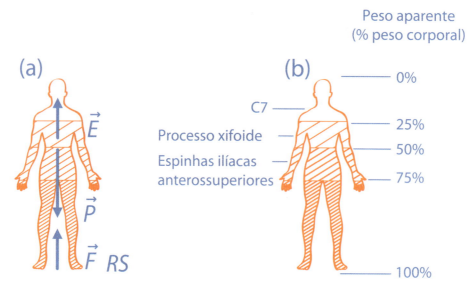

FIGURA 8.6 – (a) Forças que atuam sobre o corpo de uma pessoa em pé, parada em uma piscina com água rasa. A intensidade da força de reação do solo nessa situação é igual ao valor do peso aparente. (b) Peso aparente em diversos níveis de imersão.
Fonte: adaptada de Duarte (2004 *apud* Harrison, Hillman e Bulstrode, 1992).

Estabilidade da flutuação

Existem posições mais favoráveis do que outras para se manter flutuando na superfície da água. Por exemplo, a maioria das pessoas, quando mantém as pernas juntas e os braços colados ao corpo, não consegue manter as pernas boiando na superfície da água. O corpo como um todo não afunda, mas as pernas ficam completamente imersas, como na Figura 8.7b. Em contrapartida, quando se afasta um pouco as pernas e os braços da linha medial do corpo, é possível flutuar, mantendo-se as pernas apenas parcialmente submersas e as pontas dos dedos dos pés fora d'água.

Para entender por que isso acontece, primeiro, é preciso entender o conceito de *centro de empuxo*, ou *centro de volume*. O centro de volume é, para o empuxo, o equivalente do centro de gravidade para a força peso. Considera-se que esse é o ponto em que a força empuxo atua. Em um corpo total ou parcialmente submerso, o centro de volume é o centro geométrico da porção do corpo que está sob a água, o qual também equivale ao centro de gravidade da porção de água deslocada. O centro de gravidade do corpo humano e seu centro de volume quando totalmente submerso não coincidem. A Figura 8.7a,c mostra a distância entre o centro de gravidade e o centro de volume, com os braços ao lado do corpo e com os braços erguidos. Vê-se que, quando se move os segmentos corporais, tanto o centro de gravidade quanto o centro de volume mudam de posição, bem como sua distância relativa.

Ainda com relação à Figura 8.7b, como foi visto no Capítulo 2, com as Leis de Newton, para que um corpo se mantenha em equilíbrio estático, duas condições devem ser satisfeitas: a soma das forças que atuam sobre o corpo deve ser zero (Segunda Lei de Newton para translação) e a soma dos torques em torno de um eixo que passa pelo centro de gravidade também deve ser zero (Segunda Lei de Newton para rotação). Assim, uma pessoa não consegue se manter flutuando paralelamente à superfície e pés e braços juntos ao corpo, como na Figura 8.7a, pois, nessa situação, a soma dos torques exercidos pela força peso e pela força empuxo não é nulo. Isso acontece porque o empuxo é aplicado em um ponto distante horizontalmente do centro de gravidade. A distância horizontal entre o centro de gravidade e o centro de volume formam um braço de alavanca para essa força, o que faz essa alavanca ter a capacidade de girar o corpo em torno de um eixo que passa pelo centro de gravidade.

O corpo, então, irá girar até que a distância horizontal entre o centro de gravidade e o centro de volume seja nula (Figura 8.7b). Quando isso acontece, o braço de alavanca do empuxo passa a ser nulo, e o corpo não gira mais. Modificando um pouco a orientação dos segmentos corporais, é possível encontrar uma posição em que a distância horizontal entre o centro de gravidade e o centro de volume seja nula, ao mesmo tempo que o plano frontal do corpo se mantém paralelo à superfície da água (Figuras 8.7c e 8.8).

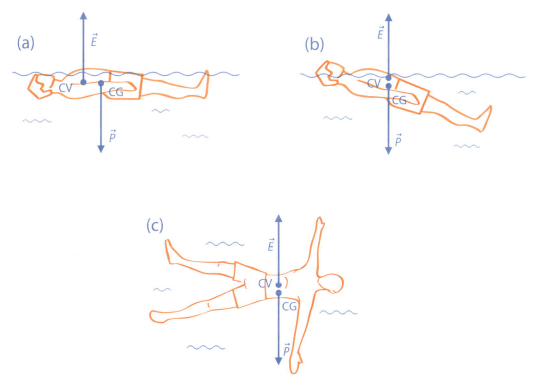

FIGURA 8.7 – A maioria das pessoas, quando tenta flutuar paralelamente à superfície da água mantendo as pernas juntas e os braços colados ao corpo, sente seus pés afundar (a). Isso acontece porque, nessa posição, o centro de volume (CV) está deslocado horizontalmente em relação ao centro de gravidade (CG), o que faz o corpo girar, até que a distância horizontal entre esses pontos seja nula (b). Afastando um pouco as pernas e os braços, o CV e o CG se aproximam horizontalmente e, nessa posição, é possível flutuar na superfície da água (c).
Fonte: adaptada de Duarte (2004).

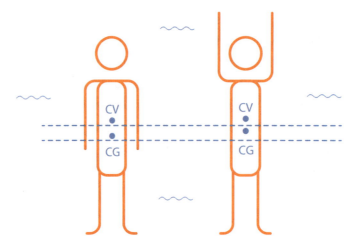

FIGURA 8.8 – Quando um indivíduo eleva seus braços, ele desloca simultaneamente o centro de volume (CV) e o centro de gravidade (CG). No entanto, o deslocamento do CG é maior que o deslocamento do CV, o que aproxima os dois pontos. Isso acontece porque a proporção entre a massa dos braços e a massa do corpo todo é maior que a proporção entre o volume do braço e o volume do corpo todo, uma vez que os segmentos da extremidade são bastante densos, em comparação com os segmentos do tronco, mas não são muito volumosos.

O empuxo como força assistiva e como força resistiva

Na elaboração de exercícios na piscina, o empuxo pode ser utilizado como força assistiva ou como força resistiva, e dispositivos para auxiliar a flutuação podem ser usados para aumentar ainda mais o efeito. Em ambos os casos, o volume do flutuador e a sua distância em relação a determinada articulação vão determinar a intensidade do torque exercido pela força empuxo. Os exemplos 5 e 6, a seguir, ilustram as duas possíveis condições.

Exemplo 5 – *No movimento de flexão e extensão do quadril, ilustrado a seguir, o empuxo no membro inferior assiste ao movimento de flexão, mas oferece resistência ao movimento de extensão.*

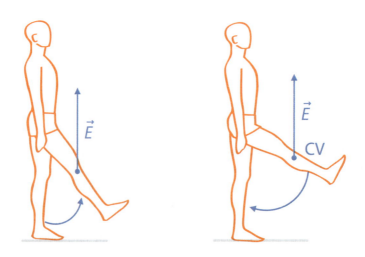

Exemplo 6 – *No movimento de flexão e extensão de joelho, ilustrado a seguir, usam-se dois flutuadores diferentes para amplificar os efeitos resistivo e assistivo do empuxo. Durante a flexão o empuxo da perna, somado ao do flutuador, auxilia a flexão, que, eventualmente, precisará ser contida ou freada pela ação dos extensores de joelho. Já no movimento de extensão, esses* músculos vão atuar de modo a superar a carga resistiva imposta por essas duas forças. A posição do flutuador determina a intensidade da resistência que será oferecida. Na Figura a, o flutuador é colocado no pé, em uma posição mais distante da articulação do joelho; na Figura b, no tornozelo, mais próximo do joelho. Quanto mais perto o flutuador estiver do joelho, menor será o braço de alavanca e, consequentemente, menor a magnitude do torque (assistivo ou resistivo) que essa força irá exercer sobre a articulação.

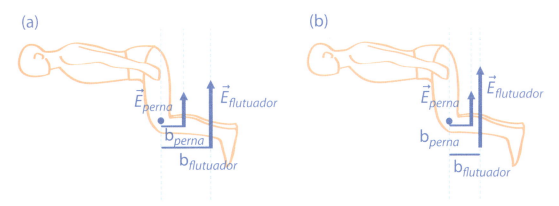

Força de arrasto

A *força de arrasto* é uma força hidrodinâmica e que, portanto, surge quando há movimento relativo entre um corpo imerso e o fluido. Trata-se de uma força que tende a impedir o deslocamento do corpo no fluido, ou seja, sua ação é a de dissipar a energia mecânica do corpo, o que resulta na diminuição na velocidade de movimento. A linha de ação da força de arrasto tem a direção do movimento do corpo e o sentido de atuação dessa força, o oposto ao do seu movimento. A intensidade dessa resistência depende das características físicas do fluido (viscosidade e densidade), da forma do objeto que se move e da velocidade relativa entre o corpo e o fluido.

O cálculo exato da força de arrasto durante qualquer movimento humano em ambiente aquático não é simples. Por exemplo, na maioria dos movimentos, é difícil de medir exatamente qual a velocidade relativa entre os segmentos corporais e o fluido (Orselli e Duarte, 2011), já que os segmentos corporais, quando em rotação, apresentam diferentes velocidades em cada um dos seus pontos (Figura 8.9). Além disso, o valor do coeficiente de arrasto, um coeficiente de proporcionalidade entre a velocidade e a força de arrasto, depende de diversos fatores, como a forma do objeto que se move, sua orientação em relação ao fluxo do fluido e a própria velocidade do movimento relativo entre o corpo e o fluido. Isso torna difícil a determinação exata do coeficiente de arrasto para os diversos segmentos corporais, ou, até mesmo, para o corpo como um todo (Gardano e Dabnichki, 2006; Pöyhönen *et al.*, 2000).

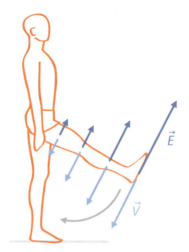

FIGURA 8.9 – Quando os segmentos corporais giram ao redor da articulação, os pontos mais distantes da articulação apresentam maior velocidade, em comparação com os pontos mais próximos. Nos pontos mais distantes da articulação, a força de arrasto é maior.

Apesar da dificuldade em se calcular um valor exato para a força de arrasto, entende-se quais fatores alteram sua intensidade e como manipulá-los para gerar a resistência desejada durante determinado movimento. A seguir, serão tratados em mais detalhes duas das principais componentes da força de arrasto que atuam no corpo humano durante seu movimento na água: o *arrasto de superfície*, ou *de fricção*, que depende da viscosidade do fluido e da área da superfície submersa, e o *arrasto de forma*, ou *de pressão*, que depende do formato do corpo e da densidade do fluido (Toussaint *et al.*, 2000). Como as forças de outra natureza, a unidade de medida da força de arrasto no SI é o Newton.

Arrasto de superfície ou viscoso

Quando um corpo submerso se desloca, as moléculas do fluido passam a se deslocar com relação à superfície desse corpo, isto é, escoam ao redor dele. Entretanto, a camada de fluido imediatamente adjacente à sua superfície se adere a ela em virtude da interação entre as moléculas que compõem o corpo e o fluido. Essa camada aderida fica, portanto, parada em relação ao corpo e tem velocidade de escoamento nula; é arrastada com ele. Nesse processo, a camada aderida desacelera a camada de fluido imediatamente adjacente a ela, que, por sua vez, desacelera a camada seguinte, como na Figura 8.10*a*. Isso ocorre porque a ação das forças de interação entre moléculas do fluido próximas entre si tende a impedir o seu afastamento. Assim, ao se deslocar, o corpo acaba arrastando consigo não apenas a camada aderida a ele, mas também uma porção de fluido que está ao seu redor. A força de interação exercida pelas moléculas do corpo para manter parada a camada de fluido sobre sua superfície ao mesmo tempo que arrasta o fluido imediatamente próximo dá origem a uma força que se opõe ao movimento do corpo, conhecida como *arrasto de superfície* ou *força de arrasto viscoso*.

O escoamento do fluido ao redor do objeto que se move é tal que, quanto mais afastada da superfície de contato estiver a camada do fluido, maior será a sua velocidade de escoamento, assim como ilustrado na Figura 8.10a. Denomina-se *camada-limite*, ou *limítrofe*, a porção de fluido adjacente à superfície do corpo, que é arrastada por ele ao longo do movimento, e, em consequência, tem a sua velocidade de escoamento reduzida.

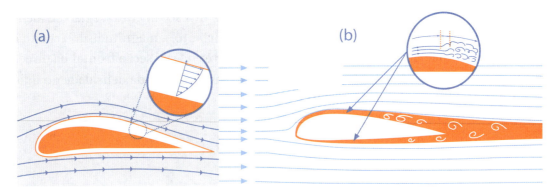

FIGURA 8.10 – Camada-limite em torno de um corpo em movimento em um fluido. (a) Um escoamento predominantemente laminar dentro da camada-limite. (b) Um escoamento turbilhonar, ou turbulento, dentro da camada-limite.
Fonte: adaptada de Anderson (2005).

> *Camada-limite*, ou *limítrofe*, é o conjunto de camadas de fluido adjacentes ao corpo que têm a sua velocidade reduzida.

O arrasto de superfície é tanto maior quanto maior a viscosidade do fluido e a área superficial do corpo que se move. Além desses fatores, a intensidade dessa força também depende do tipo de escoamento que o fluido irá assumir dentro da camada-limite. O fluxo dentro da camada-limite está diretamente associado à velocidade relativa entre o corpo e o fluido. Se o fluido ao redor do corpo se movimenta com baixas velocidades, as camadas que compõem a camada-limite se deslocam de maneira ordenada, em superfícies paralelas ou concêntricas, umas sobre as outras. Esse tipo de fluxo é conhecido como *fluxo*, ou *escoamento laminar* (Figura 8.10a). À medida que a velocidade relativa entre o corpo e o fluido aumenta, a espessura da camada-limite também aumenta, e porções de fluido dentro dela começam a se mover de maneira desordenada, criando pequenos vórtices no seu interior. Esse tipo de fluxo, em que as camadas se movimentam desordenadamente, de maneira caótica e em que há a presença de vórtices, é denominado *fluxo turbilhonar* (Figura 8.10b). A presença de turbulência na região interna à camada-limite leva a um aumento na força de arrasto de superfície. Superfícies de contato mais lisas evitam a formação de turbulência no interior da camada-limite e reduzem o arrasto viscoso.

No movimento humano em ambiente aquático, o arrasto de superfície é pequeno, se comparado ao arrasto de pressão, que será discutido a seguir, e, de maneira geral, contribui pouco para a força de resistência total. Por exemplo, na natação o arrasto de fricção corresponde a menos de 5% do arrasto total.

Arrasto de forma ou de pressão

O *arrasto de forma*, ou *de pressão*, é o principal componente da força de arrasto na maioria dos movimentos humanos em um ambiente aquático (Hall, 2005). Tem esse nome porque essa força de resistência é decorrente da diferença de pressão entre a região frontal do corpo, na qual as partículas do fluido se chocam com a superfície (região de maior pressão), e a região posterior do corpo, na "saída" do escoamento (região de menor pressão) (Figura 8.11). Essa diferença de pressão (e, portanto, a magnitude do arrasto de forma) depende do formato do corpo, em especial, da área de sua seção frontal na direção do escoamento do fluido $(A_\perp)$ e da velocidade do escoamento (v) e da densidade do fluido (d), assim como representado na equação 8.6.

$$F = \frac{C \cdot d \cdot A_\perp \cdot v^2}{2} \quad (8.6)$$

É importante ressaltar que o arrasto de pressão depende quadraticamente da velocidade relativa entre o corpo e o fluido. Isso significa que, ao aumentar a velocidade em duas vezes, a resistência ao movimento irá quadruplicar. Portanto, uma maneira de aumentar a força de resistência ao movimento nos exercícios executados em ambiente aquático é aumentar a velocidade de execução do movimento.

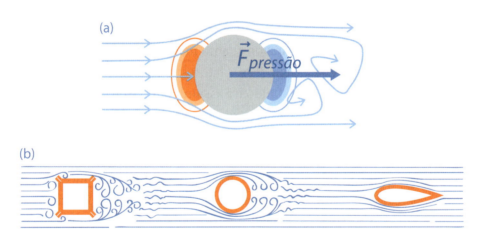

FIGURA 8.11 – (a) O arrasto de pressão ($\vec{F}_{pressão}$) tem origem na diferença de pressão entre a região em que o fluido encontra o corpo de frente (quanto mais vermelho, maior a pressão) e a região imediatamente posterior (quanto mais escuro, menor a pressão). (b) Dependência do arrasto de pressão com a forma do objeto: à esquerda, o corpo com formato menos aerodinâmico, e, à direita, o mais aerodinâmico. Na figura da esquerda, forma-se uma região de muito baixa pressão na região de saída do fluxo, de modo que a força de arrasto será grande (prevalência do arrasto de pressão), em comparação com a força que atua nos outros corpos. Na figura da direita, com formato de gota, o fluido contorna o corpo suavemente, e há muito pouca diferença de pressão entre a região frontal e posterior, de modo que o arrasto de pressão é muito pequeno (prevalência do arrasto de superfície). Na figura do meio, nota-se uma situação intermediária, mas ainda com prevalência do arrasto de pressão.
Fonte: (a) adaptada de Warning: Science Content (2011). Disponível em: <http://blog.warningsciencecontent.com/2011/10/18/bikes-and-bazookas/>. Acesso em: 18 mar. 2019.

A dependência do arrasto de pressão com a forma do objeto está explícita na equação 8.6, pela relação de proporcionalidade entre a força e a área da seção transversal ao escoamento do fluxo ($A_\perp$). Assim, uma maneira de se manipular a magnitude da força de arrasto é usando dispositivos auxiliares que aumentem a área dos segmentos corporais. A dependência da força com a área que se projeta na direção do fluxo é linear. Dessa maneira, para dobrar o arrasto de pressão em um segmento corporal usando um dispositivo auxiliar, é necessário que ele tenha o dobro da área do segmento.

É importante notar que $A_\perp$ não é simplesmente a área da seção transversal do objeto, mas, sim, a área que efetivamente se projeta na direção do fluxo (Figura 8.12). Desse modo, uma alternativa para diminuir a força de arrasto, frequentemente empregada de maneira intuitiva por indivíduos que tentam se locomover em ambiente aquático, é inclinar o tronco em relação à direção do fluxo (ângulo de ataque), diminuindo $A_\perp$ e, por conseguinte, a força de arrasto (Figura 8.12b).

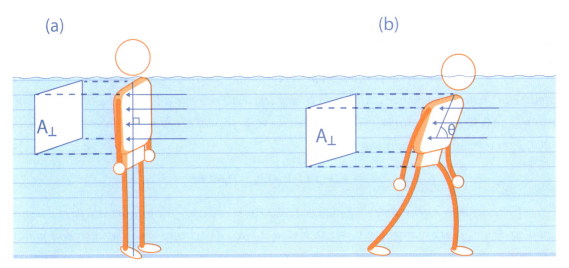

FIGURA 8.12 – Frequentemente, para caminhar em ambiente aquático, inclinamos o tronco à frente (b). Dessa maneira, diminuímos a área que se projeta na direção do fluxo de água, o que diminui a resistência ao movimento.
$A_\perp$: indica as áreas do tronco projetadas num plano vertical; θ: ângulo de inclinação do tronco em relação ao fluxo.

A dependência do arrasto com a forma do objeto (*vide* equação 8.6) também está implícita no *coeficiente de arrasto* (C), um número adimensional que depende da forma do objeto, da sua orientação em relação ao fluxo (ângulo de ataque) e do tipo de escoamento do fluido (se o fluxo é laminar ou turbilhonar). O coeficiente de arrasto para o corpo humano como um todo, assim como para os seus segmentos, deve ser determinado um valor estabelecido experimentalmente (Pöyhönen *et al.*, 2000; Toussaint *et al.*, 2000) ou estimado, considerando que a geometria do corpo humano pode ser descrita de maneira simplificada por sólidos geométricos (Orselli e Duarte, 2011).

O arrasto de pressão depende, ainda, da densidade (d) do fluido em escoamento. Por exemplo, o arrasto de pressão para uma pessoa que tenta se mover no ar é menor que o arrasto de pressão quando a pessoa tenta se mover dentro da água, em virtude da diferença na densidade desses fluidos. Isso se explica pelo fato de que, em um fluido mais denso, um maior número de moléculas colide frontalmente com a superfície do objeto que se move, gerando uma maior pressão na região frontal do corpo.

Exemplo 7 – *Considere um indivíduo que caminha a 0,5 m/s. Quanto variaria a força de arrasto no tronco do indivíduo se nas condições a seguir?*

a) Se ele aumentar a sua velocidade de caminhada para 1 m/s?

b) Se for usada uma placa retangular em frente ao corpo para aumentar a sua área frontal?

c) Se, sem a placa, ele inclinar o tronco formando um ângulo de 60° com a horizontal?

Estima-se, primeiro, a força de arrasto no tronco do indivíduo quando ele está caminhando como na Figura 8.12a. Nessa posição, o ângulo de ataque do tronco é 90°, o que significa que o tronco está ereto. Supondo que a altura do tronco seja 1,30 m e que a largura na altura dos ombros seja de 0,40 m, uma estimativa para a área da seção frontal projetada na direção do fluxo de água, para o tronco desse indivíduo é:

$$A_\perp = 1{,}30 \text{ m} \cdot 0{,}40 \ m = 0{,}52 \ m^2$$

Considerando a densidade da água em 1.000 kg/m³ e o coeficiente de arrasto para o tronco igual ao de uma placa retangular, C = 1,0. Então, a força de arrasto, como indicado da equação 8.6, será:

$$F = \frac{1{,}0 \cdot 1.000 \ kg/m^3 \cdot 0{,}52 \ m^2 \cdot (0{,}50 \ m/s)^2}{2} = 65 \ N$$

Uma força de 65 N equivale, aproximadamente, à força gravitacional que atua em uma massa de 6,5 kg.

a) Se o indivíduo aumentar sua velocidade para 1 m/s e continuar caminhando com o tronco posicionado como na Figura 8.12a, a força de arrasto será:

$$F = \frac{1{,}0 \cdot 1.000 \ kg/m^3 \cdot 0{,}52 \ m^2 \cdot (1{,}0 \ m/s)^2}{2} = 260 \ N$$

Essa força é quatro vezes maior que a força na condição anterior, ou seja, ao dobrar a velocidade de caminhada, a força de arrasto será quadriplicada.

b) *Se o indivíduo caminhar segurando uma placa retangular, com a mesma altura de seu tronco e uma largura 20 cm maior que a do seu tronco, e orientá-la paralelamente a seu corpo, sua nova área frontal será:*

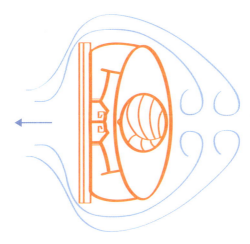

$$A_\perp = 1{,}30 \text{ m} \cdot 0{,}60 \text{ m} = 0{,}78 \text{ m}^2$$

Logo, a força de arrasto será:

$$F = \frac{1{,}0 \cdot 1.000 \text{ kg/m}^3 \cdot 0{,}78 \text{ m}^2 \cdot (0{,}50 \text{ m/s})^2}{2} = 97{,}5 \text{ N}$$

Um valor maior que o da situação inicial.

c) *Por fim, se ele inclinar de modo que o ângulo de ataque do tronco seja 60°, então, a área frontal projetada na direção do fluxo será:*

$$A_\perp = 1{,}30 \text{ m} \cdot 0{,}40 \text{ m} \cdot \text{sen } 60° \approx 0{,}45 \text{ m}^2$$

E a força de arrasto será igual a:

$$F = \frac{1{,}0 \cdot 1.000 \text{ kg/m}^3 \cdot 0{,}45 \text{ m}^2 \cdot (0{,}50 \text{ m/s})^2}{2} \approx 56{,}3 \text{ N}$$

Um valor aproximadamente 13% menor que o da situação inicial.

Outros fatores que podem aumentar ou diminuir a resistência ao movimento em água

Alguns outros efeitos observados dentro da piscina podem aumentar a resistência ao movimento ou diminuí-la. Um exemplo é a *presença de ondas no meio líquido*. Na natação, o arrasto de onda e o de pressão são as principais fontes de resistência que atuam no corpo do nadador. A força de reação gerada pelo choque com as paredes das ondas é o arrasto de onda (Toussaint et al., 2000). O arrasto de onda atua no corpo ou nos segmentos corporais que se movem próximos à superfície.

Para diminuir a resistência ao movimento, é possível aproveitar a região de menor pressão gerada por outro corpo ou objeto que também se move no fluido. Como visto, o corpo, ao se mover na água, está sujeito a uma maior pressão na região em que o fluxo se encontra frontalmente com a sua superfície e a uma menor pressão na região que se opõe à superfície na qual ocorre o contato inicial, a região de "saída" do fluxo ou esteira. Um segundo corpo que se desloque no mesmo sentido e que se posicione na esteira do primeiro corpo estará sujeito a uma menor pressão no encontro frontal do fluido com a sua superfície, o que diminui o arrasto atuante sobre esse segundo corpo. Esse efeito é bastante aproveitado por ciclistas e por nadadores em provas de travessia. Também pode ser utilizado por um profissional que tenha interesse em diminuir a força de resistência que um cliente possa enfrentar (Figura 8.13).

Um último efeito que se observa ao colocar um fluido em movimento, e que pode tanto aumentar quanto diminuir a resistência ao movimento de um corpo imerso, é a *manutenção do escoamento por inércia*. Quando um segmento corporal se move na água, ele acelera uma porção desse fluido na mesma direção do seu movimento. A água, então, continua em movimento por inércia. Se o movimento desse segmento corporal for interrompido, ou se ele passar a se mover com uma velocidade menor, uma parte da água que foi acelerada na direção do movimento, e que ainda mantém certa velocidade, poderá alcançar esse segmento e chocar-se com ele, gerando uma força no sentido oposto ao da força anterior, ou seja, no sentido do movimento. Nesse caso, o corpo será levado pelo fluido e esse efeito irá auxiliar o movimento. Se, de maneira contrária, o sentido do movimento do segmento corporal for invertido, o fluxo de água que vem em direção a esse segmento contribuirá para aumentar a resistência ao movimento (Pöyhönen *et al.*, 2000).

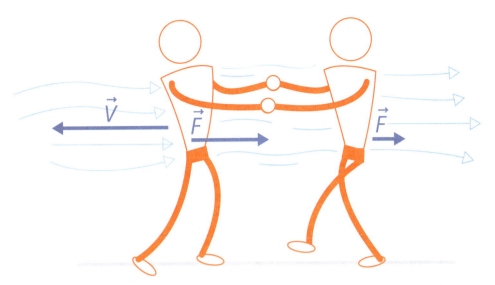

Figura 8.13 – O profissional, caminhando de costas e de mãos dadas com seu paciente, gera uma região de menor pressão à frente do cliente, diminuindo a força de arrasto sobre este.

9

MARCHA HUMANA

Capítulo de autoria dos colaboradores:
Prof. Dr. Paulo Roberto Garcia Lucareli
Prof. Dr. Silvio Antonio Garbelotti Junior

A *marcha humana* é objeto de estudo e de atenção desde a Antiguidade Remota, quando eram feitas referências às alterações relacionadas com alguns tipos de doenças. Aristóteles (384-322 a.C.) foi um dos primeiros estudiosos da marcha humana e de suas alterações, com as obras *De motu animalium* (*Do movimento dos animais*) e *De incessu animalium* (*Da marcha dos Animais*). A marcha humana é o mecanismo capaz de promover o deslocamento do corpo entre dois pontos de maneira segura e eficiente, com baixo gasto energético, e é passível de variações individuais de acordo com fatores neurológicos, antropométricos e psicológicos, porém, o sistema anatômico e fisiológico da marcha normal é idêntico em todos os seres humanos. Esse mecanismo é tão vantajoso que, segundo Perry (2005), até na presença de graves prejuízos funcionais há um grande esforço por parte dos pacientes em reter essa habilidade, compensando e aceitando reações compensatórias de segmentos adjacentes.

Os estudos modernos da marcha se iniciaram no século XIX, pelo sistema fotográfico sequencial de Eadweard Muybridge (1830-1904) e pelas observações de Weber e Weber (1836). Berenstein (1984) introduziu o conceito de *análise cinemática* (movimento) e Schwartz (1934), o conceito de *análise cinética* das forças geradas. Innman, Ralston e Todd (1981) avaliaram o desempenho de cada músculo durante a marcha e introduziram alguns princípios de avaliação: reação do solo e pressão plantar desenvolvidas durante a marcha. A possibilidade de se ampliar os potenciais elétricos musculares gerados permitiu a realização do estudo eletromiográfico dinâmico, fazendo o estudo do desenvolvimento da marcha mais acurado. O computador permitiu a transformação de todos os tipos de dados estudados em sinais digitais, dispostos gráfica e conjuntamente em torno de um eixo de tempo, possibilitando o registro de todos os eventos que ocorrem em certo momento da marcha. Esses dados são gravados para análise posterior e podem ser comparados com dados anteriores de um mesmo paciente ou de outros pacientes. Também podem ser calculados dados derivados, como: velocidade, aceleração, forças musculares geradas, momentos articulares e quantidade de energia mecânica.

Marcha normal

Toda análise de marcha deve ser feita dentro do evento definido como *ciclo da marcha*, que compreende dois períodos: o *período de apoio* (contato do membro com o solo, quando ocorre o toque do calcâneo no chão), e o *período de balanço* (quando o hálux deixa o solo e o membro fica suspenso, sem contato com o chão).

O ciclo se inicia no momento em que o pé toca o solo e acaba quando ele deixa o chão. Os fenômenos que ocorrem dentro do ciclo, denominados *fases*, são citados de acordo com o tempo em que acontecem, como uma porcentagem dentro do ciclo. Todas as alterações patológicas da marcha devem ser descritas dentro da variação do ciclo.

Nesse ciclo, o centro de gravidade sobe e desce 5 cm em cada passo. O homem adulto consegue dar, em média, 110 passos/min, com velocidade média de 4,8 km/h.

O trabalho médio realizado é de 350 cm/kg. Porque esse valor é igual a 1 kcal/min, a uma eficiência de 23%, são necessárias 4 kcal/min para elevar o centro de gravidade. Esse fator representa 90% do gasto energético da marcha, que é igual a 4,3 kcal/min na velocidade de 4,8 km/h. Os 10% restantes são responsáveis pela aceleração e pela desaceleração dos segmentos corporais.

Ciclo de marcha

Tradicionalmente, o *ciclo de marcha* tem sido dividido em cinco períodos, na fase de apoio e em três períodos, na fase de balanço (Adams e Perry, 1994; Perry, 2005). Essa classificação é conhecida como a do *Rancho Los Amigos*, hospital em Los Angeles em que foi desenvolvida (Figura 9.1).

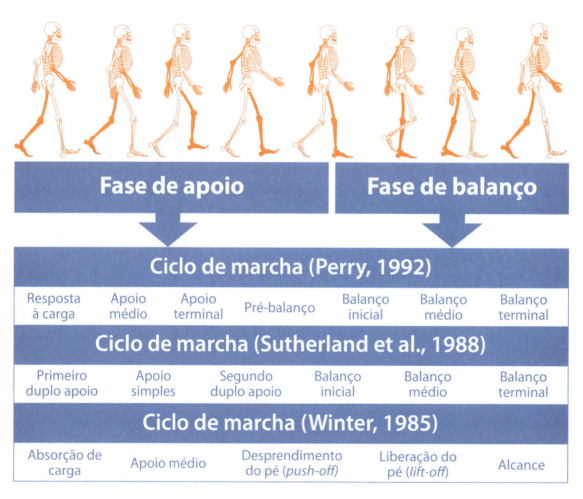

FIGURA 9.1 – Ciclo de marcha.

O peso do corpo é transferido de um membro para o outro durante a *resposta ou reação de carga*, e o avanço do corpo para a frente é obtido durante o *período de balanço*.

O *período de apoio* também pode ser analisado pela identificação de três situações, de acordo com o padrão de contato do pé com o solo. O início e o fim do período de apoio são considerados *fase de duplo apoio*, na qual os dois pés estão em contato com o solo. A fase de *apoio simples* se inicia quando o pé oposto se desprende do solo para o período de balanço.

O *passo* é definido como o intervalo entre o início do período de apoio de um lado até o início do período de apoio do lado oposto. Dois passos são dados dentro do ciclo completo da marcha. Nesse parâmetro, o passo é útil para avaliar a simetria entre o lado direito e o esquerdo. O tempo e o tamanho do passo são simétricos, em condições normais.

A *passada* é o intervalo entre o início do período de apoio de um pé até o início de um novo período de apoio do mesmo pé e compreende todo o ciclo da marcha. O comprimento da passada é a distância coberta pelo tempo desta, e deve ser igual tanto na direita como na esquerda. Com o aumento da cadência (passos por minuto), o período de duplo apoio diminui e desaparece durante a corrida. A velocidade é calculada pela divisão da distância percorrida pelo tempo despendido.

Cerca de 60% do ciclo da marcha são dados pela fase de apoio, com 10% no início e no final de duplo apoio, e 40% são dados pela fase de balanço. Essa divisão foi calculada em indivíduos normais, andando a uma velocidade confortável, e pode variar de acordo com esta. A *velocidade de marcha* é inversamente proporcional ao tempo de apoio: quanto mais rápido se anda, menor é o tempo de apoio e maior é o tempo de balanço. Da mesma maneira, se andarmos mais lentamente, o tempo de apoio irá aumentar, sobretudo o tempo de duplo apoio, e o tempo de balanço irá diminuir. A seguir, a divisão dos períodos, as fases e a representação temporal de cada fase em porcentagem do ciclo total da marcha, segundo Perry (2005).

Período de apoio

Fases de contato do membro com o solo. Pode ser subdividido em:

Primeiro duplo apoio

- *1ª fase – contato inicial*: ocorre o toque do calcâneo no solo e a recepção do impacto do solo. Representa de 0% a 2% do ciclo da marcha e tem como objetivo o posicionamento do membro para o apoio do peso.
- *2ª fase – resposta à carga*: o peso é transferido de um membro para o outro. Representa de 2% a 10% do ciclo da marcha e tem como objetivos a absorção do peso corporal, a estabilização do membro proveniente do balanço e a preservação da progressão.

Apoio simples

- *3ª fase – apoio médio*: acontece quando o pé de apoio se encontra em total contato com o solo, e o pé contralateral se desprende do solo. Representa de 10% a 30%

do ciclo da marcha e tem como objetivos a progressão do peso sobre o membro e a estabilização do tronco e do membro de apoio.

- *4ª fase – apoio terminal:* é o final da fase de apoio e o pé se encontra em flexão plantar enquanto o pé contralateral toca o solo. Representa de 30% a 50% do ciclo da marcha e tem como objetivos a progressão e a ultrapassagem do peso sobre o membro de apoio.

Segundo duplo apoio

- *5ª fase – pré-balanço:* inicia-se com o contato do pé contralateral no solo e termina com o desprendimento do hálux do solo. Representa de 50% a 60% do ciclo da marcha e tem como objetivos a impulsão e o posicionamento do membro para o balanço.

Período de balanço

Fase de avanço do membro, sem contato com o solo. É subdividido em:

- *6ª fase – balanço inicial:* inicia imediatamente após o desprendimento do hálux do solo. Representa de 60% a 73% do ciclo da marcha e tem como objetivo avançar o membro, acelerando sua massa.
- *7ª fase – balanço médio:* ocorre a flexão da perna e a flexão dorsal para a passagem do membro. Representa de 73% a 87% do ciclo da marcha e tem como objetivo a manutenção, de forma controlada, do avanço do membro, ultrapassando o outro que está em apoio simples.
- *8ª fase – balanço terminal:* ocorre a extensão da perna, preparando para o contato inicial. Representa de 87% a 100% do ciclo da marcha e tem como objetivo a finalização do avanço do membro.

Em uma classificação "alternativa", Sutherland *et al.* (1988) modificam a fase de apoio em três períodos: *primeiro duplo apoio, apoio simples* e *segundo duplo apoio* (Figura 9.1). Uma classificação mais funcional, proposta por Winter (1985), divide o ciclo com base nas tarefas desempenhadas em cada uma das subfases (Figura 9.1). Contudo, algumas classificações não podem ser distinguidas sem o uso de assistência tecnológica (Fish e Nielsen, 1993), e tem limitações importantes para serem aplicadas na prática clínica. Na tentativa de elucidar melhor as funções dos períodos da marcha durante o ciclo, Neptune *et al.* (2001) sugeriram subdividir as funções e simplificar sua compreensão. Em suma, as principais subtarefas da marcha correspondentes aos três mecanismos de rolamento do tornozelo são (Figura 9.2):

- *1º mecanismo de rolamento:* amortecimento ou absorção de carga.
- *2º mecanismo de rolamento:* estabilidade e progressão.
- *3º mecanismo de rolamento:* propulsão e balanço.

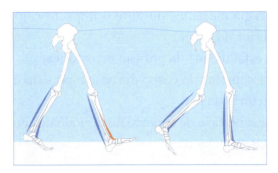
1º mecanismo de rolamento

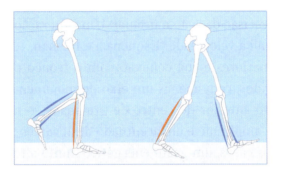
2º mecanismo de rolamento

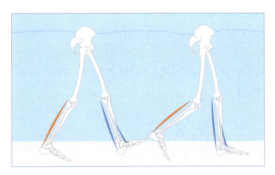
3º mecanismo de rolamento

Figura 9.2 – Mecanismos de rolamento do tornozelo e do pé.

Pode-se observar que essas tarefas são descritas para definir com clareza os eventos da marcha (contato inicial do membro de referência, desprendimento do pé oposto, contato inicial do membro contralateral e desprendimento do pé de referência) e também correspondem às subdivisões da fase de apoio (primeiro duplo apoio, apoio simples, segundo duplo apoio e balanço), portanto, são relativamente fáceis de identificar. Além disso, o foco é mantido nas tarefas que o sistema locomotor desempenha e nas anormalidades biomecânicas. A marcha, para ser funcional e com baixo custo energético, deve ser capaz de resolver alguns problemas motores fundamentais:

- geração de energia mecânica para progressão anterior controlada;
- absorção de energia mecânica durante o impacto com o solo e diminuição da progressão anterior do corpo;
- manutenção da estabilidade da posição ortostática;
- suporte da parte superior do corpo durante o período de apoio;
- controle da trajetória do pé;
- oferecimento da superfície de suporte no período de apoio e facilitação da passagem do pé na fase de balanço.

Em condições normais, uma marcha confortável corresponde à velocidade na qual o custo energético por unidade de distância é mínimo. Essa eficiência depende das condições articulares e da precisão da ação muscular. Uma alteração biomecânica aumenta o gasto energético e diminui a velocidade (Esquenazi e Keenan, 1993).

Se os membros inferiores e sua conexão com o tronco pela pelve fossem representados por corpos rígidos, com apenas um eixo de movimento pelas articulações coxofemorais, o movimento anterior do centro de gravidade seria representado por uma série de arcos de grande amplitude e um acentuado deslocamento lateral sinusoidal, que demandariam, em muitos casos, um gasto energético muito alto. Para que haja um deslocamento menor do centro de gravidade, existem algumas estratégias que traçam uma espiral complexa, podendo levar à menor demanda energética.

Ações musculares durante a marcha

As atividades musculares durante a marcha são avaliadas por meio de eletromiografia dinâmica (Figura 9.3).

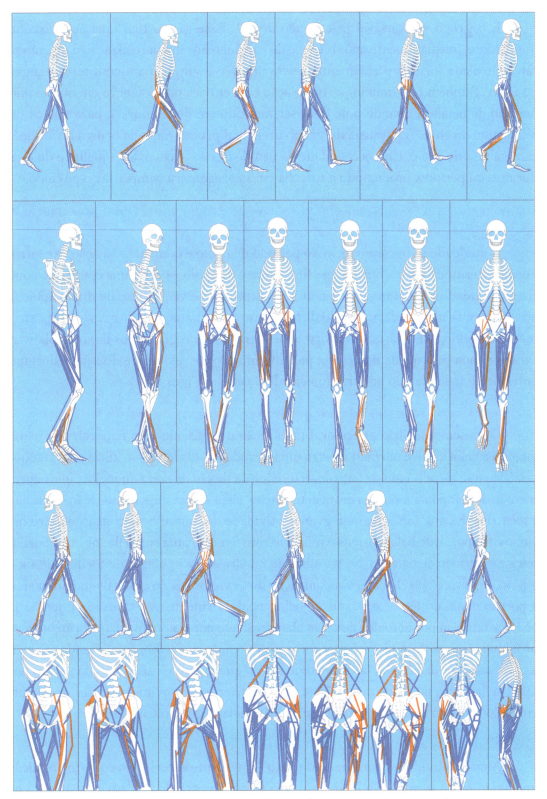

Figura 9.3 – Ações musculares durante o ciclo de marcha. Os músculos em azul representam ausência de atividade e os músculos em laranja, atividade muscular concêntrica ou excêntrica.

Grupo pré-tibial (tibial anterior, extensor longo do hálux e extensor longo dos dedos)

É o grupo responsável pela flexão dorsal. Esse grupo tem uma ação excêntrica importante, imediatamente após o toque do calcâneo durante a realização da flexão plantar controlada (primeiro rolamento), evitando que o antepé bata com força exagerada no chão. Também tem uma importante ação concêntrica no momento em que se inicia o período de balanço, quando o pé deve ser mantido em flexão dorsal, para que os dedos se afastem do chão. A paralisia do grupo pré-tibial produz a queda brusca do antepé durante a fase de apoio, e há necessidade de uso de flexão excessiva do joelho e do quadril durante tal período, produzindo a marcha em *steppage*, para compensar o pé caído.

Grupo dos flexores plantares do pé (sóleo, gastrocnêmios, tibial posterior e fibulares longo e curto)

A atividade se inicia no meio do período de apoio e controla, via ação excêntrica, a queda anterior do corpo. Por fim, no final da fase de apoio, ocorre uma contração concêntrica dos flexores plantares, que mantém a altura da pelve. Na fase de duplo apoio, essa atividade muscular ajuda no desvio da força que desloca o centro de gravidade posteriormente e, na força contrária, anteriormente. A paralisia do grupo dos flexores plantares é caracterizada pela queda da pelve e pela diminuição da velocidade do seu deslocamento anterior no lado afetado no final do período de apoio (Figura 9.2).

Grupo dos extensores do joelho (quadríceps femoral)

O músculo quadríceps femoral (à exceção do músculo reto femoral, que não atua quando a velocidade é normal) mostra uma grande atividade que se inicia após o toque de calcâneo e se associa com o efeito amortecedor da flexão discreta do joelho, que ocorre na metade do tempo de bloqueio desta articulação. Essa é uma importante ação de frenagem excêntrica. Existe, também, uma grande atividade do músculo na transição entre os períodos de apoio e de balanço, pois o músculo reto femoral atua como flexor do quadril para iniciar o período de balanço. Na paralisia do quadríceps, a extensão do joelho que suporta o peso do corpo é produzida pela contração dos extensores do quadril, que impulsionam a porção distal do fêmur e puxam o joelho posteriormente. A extensão do joelho pode ocorrer também por ação dos flexores plantares, que impulsionam posteriormente a parte proximal da tíbia. Alguns pacientes forçam a extensão do joelho, empurrando com a mão a parte anterior da coxa. A falta de atividade do quadríceps é caracterizada pela extensão forçada da perna no toque do calcâneo, simultânea com o movimento anterior do quadril envolvido. Esse mecanismo pode gerar a deformidade geno recurvado.

Grupo dos flexores do joelho (isquiotibiais)

A maior atividade ocorre no momento exatamente anterior do contato do calcâneo, que agem como flexores do joelho e desaceleram (contração excêntrica oscilação anterior da perna. No momento do contato do calcâneo, e logo depois, agem como extensores do quadril, desacelerando e evitando a anteversão da pelve e a flexão do tronco sobre o fêmur pela inércia. Essa ação é feita de maneira sinérgica com o glúteo máximo. A fraqueza do glúteo máximo isolado é rara, por isso, a *marcha do glúteo máximo* é a marcha com fraqueza do grupo dos extensores do quadril. Esta marcha é caracterizada por: rotação anterior aparente do quadril afetado, que aparece logo após o contato do calcâneo do mesmo lado. Esse efeito é causado pelo impulso forçado do tronco para a parte posterior, de modo a compensar o movimento anterior inercial e manter o centro de gravidade posteriorizado em relação ao quadril. A extensão rígida no meio do período de apoio também é característica da marcha por fraqueza dos extensores do quadril.

GRUPO DOS FLEXORES DO QUADRIL (ilíaco, psoas, tensor da fáscia lata, sartório, reto femoral, adutor longo, pectíneo)

A maior atividade desse grupo ocorre durante o início do período de balanço. A fraqueza do iliopsoas pode ocorrer de maneira isolada em casos de poliomielite. Alguns pacientes hemiplégicos podem ter dificuldade de iniciar o período de balanço, pela fraqueza dos flexores do quadril. Se não houver a possibilidade de encurtar o membro durante o período de balanço, ocorre a circundução, movimento lateral do tronco na direção do lado não afetado que eleva a pelve, permitindo a elevação do membro inferior.

GRUPO DOS ABDUTORES DO QUADRIL (glúteo médio, glúteo mínimo tensor da fáscia lata)

Atua durante o período de apoio, quando auxilia a sustentação do peso corporal e controla, por atividade excêntrica, a depressão da pelve pela ação contralateral da gravidade. A fraqueza do glúteo médio causa queda maior que a normal da pelve do lado normal durante o período de balanço e o aparecimento de uma saliência do lado afetado durante o período de apoio. Também se percebe a inclinação lateral da parte superior do tronco e da cabeça na direção do lado afetado, causado pelo movimento do segmento lombar da coluna. O ombro do lado afetado move-se anteriormente e reforça a fraca função rotatória do glúteo médio. Além disso, gira anteriormente o quadril não afetado, no final do movimento de apoio do lado afetado. Quando a fraqueza do glúteo médio se faz por lesão radicular L4-L5, o grupo dos flexores dorsais do pé também pode estar comprometido, causando a marcha em *steppage*.

GRUPO DOS ADUTORES DO QUADRIL (adutor longo, adutor curto, pectíneo, adutor magno)

Atua no início da elevação, realizando a rotação lateral abrupta do fêmur e causando uma das maiores forças de propulsão do corpo. Também atua durante o período de apoio, estabilizando a pelve com os abdutores da coxa.

Análise de marcha

Atualmente, a *análise de marcha* é usada tanto para a pesquisa quanto para a prática clínica. A expansão e o desenvolvimento dessa área de conhecimento são decisivos para o acompanhamento dos resultados da reabilitação física e das cirurgias, para a prescrição e a adaptação de próteses e de órteses, e para a função preventiva na ergonomia ou no aumento do desempenho nos esportes. O conhecimento didático necessário inclui tanto os mecanismos envolvidos na marcha normal, quanto os patológicos de todas as disfunções, além de uma série de testes necessários para os exames clínico e físico dos pacientes. Há necessidade de os profissionais envolvidos na análise cinemática dos movimentos serem treinados para aprender as técnicas de análise observacional da marcha e, mais tarde, serem introduzidos às diversas formas de análise instrumentada da marcha, que envolvem informações sobre parâmetros lineares e temporais, ângulos articulares, força de reação do solo e padrão de atividade muscular.

Nos últimos anos, a aplicação clínica da análise de marcha cresceu um pouco no Brasil, como resultado de várias mudanças, sobretudo a criação e o desenvolvimento de laboratórios de pesquisa em universidades públicas e em alguns poucos hospitais de renome. Os *softwares* e os *hardwares* também vêm sofrendo melhorias, permitindo maior rapidez na aquisição e processamento dos dados. Esses avanços têm permitido aos clínicos (médicos e fisioterapeutas) e aos não clínicos (engenheiros e técnicos) melhores compreensão e interpretação das informações provenientes da tecnologia de análise de movimentos. No entanto, o Brasil ainda está longe de ser um país onde a análise de marcha é requisito para indicação e a mensuração dos resultados de condutas clínicas ou cirúrgicas.

A evolução das crianças com paralisia cerebral constitui o início da análise de movimento na área clínica e continua sendo o carro-chefe na análise clínica da marcha. Os cirurgiões ortopédicos, com frequência, necessitam de informações objetivas do sucesso de suas intervenções e a comparação destas com os dados pré-operatórios. Outras aplicações clínicas da análise de marcha instrumentada incluem a análise de pessoas vítimas de acidente cerebrovasculares, de traumatismos cranioencefálico, de mal de Parkinson, de esclerose múltipla, de lesão medular traumática e congênita, de amputações e de outras doenças que alterem a função normal da deambulação. Os dados de marcha deveriam ser utilizados na clínica como dados evolutivos, com a observação do paciente antes de alguma intervenção, seguidos por um resumo das influências biomecânicas e neuromusculares da marcha após a referida intervenção, que pode ser baseada em tratamentos cirúrgicos, farmacológicos, fisioterapêuticos ou em indicações e adequações de órteses ou de próteses. Os profissionais podem, então, interpretar a significância clínica das alterações no padrão de marcha e os resultados das intervenções.

Alguns termos frequentemente usados quando se estuda a análise de marcha serão definidos a seguir.

Cinemática da marcha

Refere-se a um ramo da mecânica que estuda os movimentos angulares durante o ciclo de marcha. A *cinemática* é avaliada por meio de marcadores externos colados à pele, que podem ser reconhecidos por *câmeras de infravermelho*. A evolução da tecnologia tem capacitado os profissionais para utilizar os dados resultantes da análise de marcha e para ajudar na interpretação do desempenho do aparelho locomotor. Como os equipamentos de análise do movimento são relativamente caros para estarem presentes nas clínicas particulares, os profissionais usam outros métodos de análise do movimento, como o vídeo. Esse método cria uma cópia permanente do desempenho da marcha, que serve para documentar o progresso na terapia, mas ainda depende da habilidade do profissional para a observação da marcha de uma maneira não fidedigna.

Os sistemas de análise de marcha instrumentados, em geral, compostos por componentes passivos de emissão, de reflexão e de recepção de luz, ou ativos compostos apenas por emissão e por recepção, constituem um dos melhores métodos de avaliação do movimento. Em contrapartida, eletrogoniômetros e acelerômetros também podem ser utilizados e requerem menor instrumentação a um custo mais acessível. Esses dispositivos, apesar de mais econômicos, são usados com mais frequência em pesquisas, em virtude de alguns serem de difícil uso clínico. Por exemplo, os profissionais são capazes de mensurar facilmente a amplitude de movimento passivo e ativo com o goniômetro, contudo, torna-se difícil, determinar o quanto a amplitude de movimento está incorporada à marcha. Um sujeito pode apresentar-se com uma simples contratura em flexão do joelho, entretanto, a avaliação quantitativa da marcha nos mostra a completa trajetória do joelho por todo o ciclo de marcha, para determinar o quanto o sujeito está usando da amplitude de movimento avaliada. Pode-se estabelecer, também, o quanto a limitação no movimento do joelho afeta o movimento ativo do quadril e do tornozelo, simultaneamente, nos intervalos de tempo do ciclo de marcha. Dessa forma, pode-se diferenciar o problema primário do secundário.

Cinética da marcha

É um ramo da Mecânica que estuda os movimentos articulares sob a influência das alterações de forças, de momentos e de potências durante um ciclo de marcha. Essa mensuração é feita por meio de uma placa de força embutida na pista em que ocorre o exame de marcha. As plataformas de força nada mais são do que sofisticadas balanças que levam a informação sobre o centro de pressão ou o ponto de aplicação do vetor da força de reação do solo, também denominada *força normal*, que é a resultante em sentido contrário de todas as forças dos segmentos corporais enquanto o pé está em contato com o chão.

Muitos laboratórios estão equipados com sistemas de pressão dos pés, associados ou não às plataformas de força. Essa tecnologia permite a determinação de como é distribuída a carga da planta do pé no chão ou em palmilhas inseridas nos calçados, e é útil para analisar indivíduos com alterações nos pés ou relacionadas aos processos neurológicos periféricos.

A *análise cinética* envolve a avaliação dos momentos e das potências articulares. Os momentos articulares são forças produzidas pelos músculos e pelos ligamentos, que atuam a uma determinada distância do centro articular. As potências articulares são o produto dos momentos articulares pelas velocidades angulares. Estão associados à geração (contração concêntrica) e à absorção (contração excêntrica) de energia por todos os músculos ao redor da articulação. Portanto, se o cálculo dos momentos articulares é uma necessidade, há, também, de se ter um sistema que possa sincronizar ambos, cinética e cinemática.

Eletromiografia superficial dinâmica (sEMG)

Refere-se à avaliação da atividade muscular realizada em um ciclo de marcha. Ela é capturada por meio de eletrodos de superfície ou de agulha. Potenciais elétricos detectados pelos eletrodos emitem informações sobre o tempo e a intensidade da contração muscular. Com isso, os profissionais sabem quando os grupos musculares responsáveis pela locomoção podem estar ativos ou não, o que é praticamente impossível de ser detectado por meio do olho humano, mesmo quando estamos nos referindo aos grandes grupos musculares. Portanto, a sEMG produz informações muito úteis e bem mais precisas do que a simples observação. Em situações de fraqueza, fadiga ou espasticidade de um ou mais músculos, ocorrem desvios visíveis na marcha; todavia, sem um aparelho de sEMG, fica difícil determinar quando essa atividade está presente e em que fase específica da marcha ocorre o evento.

REFERÊNCIAS

ADAMS, J. M.; PERRY, J. Gait analysis: clinical application. *In*: ROSE, J.; GAMBLE, J. G. (ed.). *Human walking*. 2. ed. Baltimore, MD: Williams & Wilkins, 1994.

ANDERSON, J. D. Ludwing Prandtl's bondary layer. *Phys. Today*, v. 58, n. 12, p. 42-8, 2005.

BAI, X. L. Three-dimension kinematics simulation and biomechanics analysis of snatch technique. *In*: JIANG, Y.; BACA, A.; ZHANG, H. Computer science in sports: *Proceedings of First Joint International Pre-Olympic Conference of Sports Science and Sports Engineering*. Edgbaston: World Academic Union, 2008. v. 1. p. 291-6.

BARTONIETZ, K. Biomechanics of the snatch: toward a higher training efficiency. *Strength and Conditioning*, v. 18, n. 3, p. 24-31, 1996.

BARELA, A. M. F.; DUARTE, M. Biomechanical characteristics of elderly individuals walking on land and in water. *J. Electromyogr. Kinesiol.*, v. 18, n. 3, p. 446-54, 2008.

BARELA, A. M. F.; STOLF, S. F.; DUARTE, M. Biomechanical characteristics of adults walking in shallow water and on land. *J. Electromyogr. Kinesiol.*, v. 16, n. 3, p. 250-6, 2006.

BERENSTEIN, N. A. Biodynamic of locomotion. *In*: WHITING, H. T. A. *Human motor actions*: Berenstein, reassessed. Oxford: North-Holland, 1984. p. 171-2.

BURDETT, R. Biomechanics of the snatch technique of highly skilled and skilled weightlifters. *Res. Q. Exerc. Sport*, v. 53, n. 3, p. 193-7, 1982.

CAMPION, M. R. *Hidroterapia*: princípios e prática. São Paulo: Manole, 2000.

CHARRO, M. A. *et al. Manual de avaliação física*. São Paulo: Phorte, 2010.

CHAPMAN, A. E. *Biomechanical analysis of fundamental human movements*. Champaign, IL: Human Kinetics, 2008.

CHIU, H.; WANG, C.; CHENG, K. The three-dimensional kinematics of a barbell during the snatch of Taiwanese weightlifters. *J. Strength Cond. Res.*, v. 24, n. 6, p. 1520-6, 2010.

COMFORT, P.; ALLEN, M.; GRAHAM-SMITH, P. Comparisons of peak ground reaction force and rate of force development during variations of the power clean. *J. Strength Cond. Res.*, v. 25, n. 5, p. 1235-9, 2011.

DEWEESE, B. *et al.* The clean pull and snatch pull: proper technique for weightlifting movement derivatives. *Strength and Conditioning*, v. 34, n. 6, p. 82-6, 2012.

DIAS-JOHNSON, G. *Periodization for sprinters*. 2010. p. 1-16. Disponível em: <http://gih.diva-portal.org/smash/get/diva2:523521/FULLTEXT01.pdf>. Acesso em: 04 fev. 2019.

DUARTE, M. *Princípios físicos da interação entre ser humano e ambiente aquático*. 2004. Disponível em: <http://demotu.org/pubs/agua2004.pdf>. Acesso em: 18 mar. 2019.

EDLICH, R. F. *et al.* Bioengineering principles of hydrotherapy. *J. Burn Care Rehabil.*, v. 8, n. 6, p. 580-4, 1987.

ENOKA, R. M. Muscular power across the knee joint during the pull in olympic weightlifting. *J. Biomech.*, v. 16, p. 284-5, 1982.

ENOKA, R. M. The pull in olympic weightlifting. *Med. Sci. Sports*, v. 11, p. 131-7, 1979.

ESQUENAZZI, A.; KEENAN, M. A. Gait analysis. *In*: FRONTERA, W. R. (ed.). *DeLisa's physical medicine & rehabilitation*: principle and practice. 2. ed. Philadelphia, PA: Lippincott Williams & Wilkins, 1993. p. 122-30.

FRANGOLIAS, D. D.; RHODES, E. C. Metabolic responses and mechanisms during water immersion running and exercise. *Sports Med.*, v. 22, n. 1, p. 38-53, 1996.

FISH, D. J.; NIELSEN, J. P. Clinical assessment of human gait. *JPO*, v. 5, n. 2, p. 39/27-36/48, 1993.

FUNATO, K.; FUKUNAGA, K. F. Mechanical power developed during pull movement in weightlifting. *J. Biomech.*, v. 22, n. 10, p. 1013, 1989.

GARDANO, P.; DABNICHKI, P. On hydrodynamics of drag and lift of the human arm. *J. Biomech.*, v. 39, n. 15, p. 2767-73, 2006.

GOURGOULIS, V. *et al.* Three-dimensional kinematic analysis of the snatch of elite Greek weightlifters. *J. Sports Sci.*, p. v. 18, n. 8, p. 643-52, 2000.

HÄKKINEN, K. *et al.* EMG muscle fiber and force production characteristics during one year training period in elite weightlifters. *Eur. J. Appl. Physiol. Occup. Physiol.*, v. 56, n. 4, p. 419-27, 1987.

HALL, S. J. *Basic biomechanics.* New York: McGraw-Hill, 2009.

HALL, S. J. *Biomecânica básica.* 3. ed. Rio de Janeiro: Guanabara Koogan, 2000.

HALL, S. J. Movimento humano nos fluidos. *In*: HALL, S. J. *Biomecânica básica.* 4. ed. Rio de Janeiro: Guanabara Koogan, 2005. p. 453-82.

HALL, S. J. *Biomecânica básica.* 7. ed. Rio de Janeiro: Guanabara Koogan, 2016.

HALLIDAY, D.; RESNICK, R.; WALKER, J. *Fundamentos de física*: gravitação, ondas e termodinâmica. 10. ed. São Paulo: LTC, 2016. v. 1.

HAMILL, J.; KNUTZEN, K. M. *Bases biomecânicas do movimento humano.* 3. ed. Barueri: Manole, 2012.

HARRISON, R.; HILLMAN, M.; BULSTRODE, S. Loading of the lower limb when walking partially immersed: implications for clinical practice. *Physiotherapy*, v. 78, n. 3, p. 164-6, 1992.

HOFFMAN, J. R. *et al.* Comparison of Olympic *vs.* traditional power lifting training programs in football players. *J. Strength Cond. Res.*, v. 18, n. 1, p. 1129-35, 2004.

INNMAN, V. T.; RALSTON, H. J.; TODD, F. *Human walking*. Baltimore, MD: Williams and Wilkins, 1981.

JOHNSON, J. B. *Evaluating the importance of strength, power, and performance tests in an NCAA Division I Football Program*. 2001. 91 p. Tese (Doutorado em Filosofia) – Instituto Politécnico, Universidade Estadual da Virgínia, Blacksburg, VA: 2001. Disponível em: <https://vtechworks.lib.vt.edu/bitstream/handle/10919/29933/johnsondiss.pdf?sequence=1&isAllowed=y>. Acesso em: 04 fev. 2019.

KENDALL, F. P. *et al*. *Músculos*: provas e funções. 5. ed. Barueri: Manole, 2007.

MÁXIMO, A.; ALVARENGA, B. *Física*: ensino médio. São Paulo: Scipione, 2006. v. 1.

MUSSER, L. *et al*. Anthropometry and barbell trajectory in the snatch lift for elite women weightlifters. *J. Strength Cond. Res.*, v. 28, n. 6, p. 1636-48, 2014.

NORIEGA, C.; LAMAS, L. *Aplicação de conceitos biomecânicos ao treinamento*: levantamento olímpico como estratégia de treino. Vídeo instrucional. [s. l.]: Rede – Rede de Ensino Desportivo, 2010. 186 min. color.

NUSSENZVEIG, H. M. *Curso de física básica*: fluidos, oscilações e ondas, calor. 5. ed. São Paulo: Blucher, 2014. v. 2.

ORSELLI, M. I. V.; DUARTE, M. Joint forces and torques when walking in shallow water. *J. Biomech.*, v. 44, n. 6, p. 1170-5, 2011.

PERRY, J. *Análise de marcha*: marcha normal. Barueri: Manole, 2005. v. 1.

PÖYHÖNEN, T. *et al*. Determination of hydrodynamic drag forces and drag coefficients on human leg/foot model during knee exercise. *Clin. Biomech. (Bristol. Avon)*, v. 15, n. 4, p. 256-60, 2000.

PÖYHÖNEN, T. *et al*. Electromyographic and kinematic analysis of therapeutic knee exercises under water. *Clin. Biomech.*, v. 16, n. 6, p. 496-504, 2002.

PRINS, J.; CUTNER, D. Aquatic therapy in the rehabilitation of athletic injuries. *Clin. Sports Med.*, v. 18, n. 2, p. 447-61, 1999.

ROMAN, R. A. *The training of the weightlifter*. Livonia, MI: Sportivny, 1988. Disponível em: <http://www.phoenixbarbell.com/PDF_Files/TOW.pdf>. Acesso em: 04 fev. 2019.

SALE, D. G. Neural adaptations to resistance training. *Med. Sci. Sports Exerc.*, v. 20, p. S135-45, 1988. Supplement.

SALE, D.; MACDOUGALL, D. Specificity in strength training: a review for the coach and athlete. *Can. J. Appl. Sport Sci.*, v. 6, n. 2, p. 87-92, 1981.

SCHOESSOW, W. *Applying scientific principles to physical training and conditioning*. Dubuque, Iowa: Kendall/Hunt, 2014.

SCHWARTZ, R. P. *et al.* Kinetic of human gait: the making and interpretation of electrobasographic records of gait. The influence of rate of walking and the height of shoe heel on duration of weight-bearing on the osseous tripod of the respective feet. *J. Bone Joint Surg. Am.*, v. 16, p. 343-50, 1934.

SUCHOMEL, T. J.; COMFORT, P.; STONE, M. H. Weightlifting pulling derivatives: rationale for implementation and application. *Sports Med.*, v. 45, n. 6, p. 823-39, 2015.

SUTHERLAND, D. H. *et al.* (ed.). *The development of mature walking.* Cambridge, UK: Cambridge University Press, 1988.

TAKANO, B. Classic coaching techniques: coaching optimal technique in the snatch and the clean and jerk – Part III. *NSCA J.*, v. 15, n. 1, p. 40-2, 1993.

TAKESHIMA, N. *et al.* Water-based exercise improves health-related aspects of fitness in older women. *Med. Sci. Sports Exerc.*, v. 34, n. 3, p. 544-51, 2002.

TOUSSAINT, H. M. *et al.* Biomechanics of swimming. *In*: GARRETT JR., W. E.; KIRKENDALL, D. T. (ed.). *Exercise and sport science.* Philadelphia, PA: Lippincott, Williams and Wilkins, 2000. p. 639-60.

VERDERI, E. B. L. P. *Programa de educação postural.* 4. ed. São Paulo: Phorte, 2011.

WEBER, W.; WEBER, E. *Über die Mechanik der menschlichen Gehwerkzeuge.* Göttingen: Dieterich, 1836.

WILMORE, J. J.; COSTILL, D. L.; KENNEDY, W. L. *Physiology of sport and exercise.* 4th. ed. Champaign, IL: Human Kinetics, 2008.

WINTER, D. A. Biomechanics of normal and pathological gait: implications for understanding human locomotor control. *J. Mot. Behav.*, v. 21, n. 4, p. 337-55, 1989.

ZATSIORSKY, V. M. *Kinetics of human motion.* Champaign, IL: Human Kinetics, 2002.

ZATSIORSKY, V. M. *Motor abilities of athletes.* Moscou: Fizkultura i Sport, 1966.

BIBLIOGRAFIA CONSULTADA

AHARONSON, Z. *et al.* Normal foot: ground pressure pattern in children. *Clin. Orthop. Relat. Res.*, n. 150, p. 220-3, 1980.

AWBREY, B. J. *et al.* A new flexible sensor to evaluate dynamic in-shoe plantar pressure during gait and its use to measure the effect of shoe accomodation devices in severe metatarsalgia. *In:* COMBINED MEETING OF THE ORTHOPAEDIC RESEARCH SOCIETIES OF USA, JAPAN AND CANADA, 1., 1991, Banff. *Transactions...* Banff: [s.n.], 1991.

BADILLO, J. J. G.; AYESTARÁN, E. G. *Fundamentos do treinamento de força:* aplicação ao alto rendimento desportivo. Porto Alegre: Artmed, 2001.

BARELA, A. M.; DUARTE, M. Biomechanical characteristics of elderly individuals walking on land and in water. *J. Electromyogr Kinesiol.*, v. 18, n. 3, p. 446-54, 2008.

BARELA, A. M.; STOLF, S. F.; DUARTE, M. Biomechanical characteristics of adults walking on land and in water. *J. Electromyogr. Kinesiol.*, v. 16, n. 3, p. 250-6, 2006.

BASMAJIAN, J. V. *Terapêutica por exercícios.* 3. ed. Rio de Janeiro: Manole, 1980.

CAMPION, M. R. *Hidroterapia.* São Paulo: Manole, 2000.

CLARK, J. W. The origin of biopotentials. In: WEBSTER, J.G. (ed.). *Medical instrumentation:* application and design. New York: John Wiley & Sons, 1998.

CLARKE, T. E. *The pressure distribution under the foot during barefoot walking.* Doctoral thesis. Pennsylvania State University, 1980.

DE LUCA, C. J. The use of surface electromyography in biomechanics. *J. Appl. Biomech.*, v. 13, p. 135-63, 1997.

DUARTE, M. *Princípios físicos da interação entre o ser humano e o ambiente aquático.* 2004. Disponível em: <http://ebm.ufabc.edu.br/publications/md/agua2004.pdf>. Acesso em: 02 mar. 2018.

EDLICH, R. F. *et al.* Bioengineering principles of hydrotherapy. *J. Burn Care Rehabil.*, v. 8, n. 6, p. 580-4, 1987.

ENOKA, R. M. *Bases neuromecânicas da cinesiologia.* 2. ed. Barueri: Manole, 2000.

FLOYD, R. T. *Manual de cinesiologia estrutural.* Barueri: Manole. 2002.

FRANGOLIAS, D. D.; RHODES, E. C. Metabolic responses and mechanisms during water immersion running and exercise. *Sports Med.*, v. 22, n. 1, p. 38-53, 1996.

GARDANO, P.; DABNICHKI, P. On hydrodynamics of drag and lift of the human arm. *J. Biomech.*, v. 39, n. 15, p. 2767-73, 2006.

HÄKKINEN, K. Neuromuscular and hormonal adaptations during strength and power training. *J. Sports Med. Phys. Fitness*, v. 29, n. 1, p. 9-26, 1989.

HÄKKINEN, K.; ALÉN, M.; KOMI, P. V. Changes in isometric force- and relaxation-time, electromyographic and muscle fibre characteristics of human skeletal muscle during strength training and detraining. *Acta Physiol. Scand.*, v. 125, n. 4, p. 573-85, 1985.

HALL, S. J. *Biomecânica básica.* 3. ed. Rio de Janeiro: Guanabara Koogan, 2000.

HALL, S. J. Movimento humano nos fluidos. *In*: HALL, S. J. *Biomecânica básica.* 4. ed. Rio de Janeiro: Guanabara Koogan, 2005. p. 453-82.

HALLIDAY, D.; RESNIC, R.; WALKER, J. *Fundamentals of Physics.* 8. ed. New Jersey: John Wiley & Sons, 2007.

HAMILL, J.; KNUTZEN, K. M. *Bases biomecânicas do movimento humano.* São Paulo: Manole, 1999.

HAMILL, J.; KNUTZEN, K. M. *Biomechanical basis of human movement.* Philadelphia, PA: Lippincott Williams & Wilkins, 2003.

HARRISON, R. A.; HILLMAN, M.; BULSTRODE, S. Loading of the lower limb when walking partially immersed implications for clinical practice. *Physiotherapy*, v. 78, n. 3, p. 164-6, 1992.

HENNEMAN, E. Functional organization of motoneuron pools: the size-principle. In: ASANUMA, V. J. (ed.). *Integration in the nervous system.* Tokyo: [s.n.], 1979. p. 13-25.

HENNIG, E. M.; ROSENBAUN, M. A. Pressure distribution patterns under the feet of the children in comparison with adults. *Foot Ankle*, v. 11, p. 306-11, 1991.

HOFFMAN, S. J.; HARRIS, J. C. *Cinesiologia*: o estudo da atividade física. Porto Alegre: Artmed, 2002.

HUGHES, B. A. *et al.* Reliability of pressure measurements: the EM ED F system. *Clin. Biomech. (Bristol, Avon)*, v. 6, n. 1, p. 14-8, 1991.

KANDEL, E. R.; SCHWARTS, J. H.; JESSELL, T. M. (ed.). *Principles of neural science.* Norwalk, CT: Appleton & Lange, 1991.

KAPANDJI, A. I. *Fisiologia articular*: membro superior. 5. ed. São Paulo: Panamericana, 2000. 3 v.

KENDALL, F. P.; McCREARY, E. K.; PROVANCE, P. G. *Músculos*: provas e funções. 4. ed. São Paulo: Manole, 1995.

KOMI, P. V. *Strength and power in sport.* 2. ed. Oxford: Blackwell, 2003.

LATASH, M. L. *Neurophysiological basis of movement.* Urbana, IL: Human Kinetics, 1998.

LIEBER, R. L.; FRIDÉN, J. Functional and clinical significance of skeletal muscle architecture. *Muscle Nerve*, v. 23, n. 11, p. 1647-66, 2000.

MAFFEI, W. E. Fisiopatologia e anatomia patológica das infecções. In: MAFFEI, W. E. *Fundamentos da Medicina.* São Paulo: Fundo Editorial Kyk-Procinex, 1974. p. 229.

MARCHETTI, P. H. *Investigações sobre o controle neuromotor do músculo reto do abdômen.* 2005. 109 p. Dissertação (Mestrado em Educação Física) – Escola de Educação Física e Esporte, Universidade de São Paulo, 2005.

McGINNIS, P. M. *Biomecânica do esporte e exercício.* Porto Alegre: Artmed, 2002.

NEWMAN, J. N. N. *Marine hydrodynamics.* Cambridge, MA: MIT, 1977.

NUSSENZVEIG, H. M. *Curso de Física básica*: fluidos, oscilações e ondas, calor. São Paulo: Blucher, 1987. v. 2.

OKUNO, E.; FRATIN, L. *Desvendando a física do corpo humano*: biomecânica. Barueri: Manole, 2003.

ORLIN, M. N.; PIERRYNOWSKI, M. R.; ROBERTSON, W. Normative static foot pressure distribution pattterns in children. *Children's Seashore House Gait Laboratory.* Philadelphia. *Unpublished paper.*

ORSELLI, M. I. V.; DUARTE, M. Joint forces and torques when walking in shallow water. *J. Biomech.*, v. 44, n. 6, p. 1170-5, 2011.

POWERS, S. K.; HOWLEY, E. T. *Fisiologia do exercício*: teoria e aplicação ao condicionamento e ao desempenho. Barueri: Manole, 2000.

PÖYHÖNEN, T. *et al.* Determination of hydrodynamic drag forces and drag coefficients on human leg/foot model during knee exercise. *Clin. Biomech. (Bristol, Avon)*, v. 15, n. 4, p. 256-60, 2000.

PÖYHÖNEN, T. Eletromyographic and kinematic analysis of therapeutic knee exercises under water. *Clin. Biomech. (Bristol, Avon)*, v. 16, n. 6, p. 496-504, 2001.

PRINS, J.; CUTNER, D. Aquatic therapy in the rehabilitation of athletic injuries. *Clin. Sports Med.*, v. 18, n. 2, p. 447-61, 1999.

ROBBINS, S. L.; COTRAN, R. S.; KUMAR, V. *Fundamentos de patologia estrutural e funcional.* 5. ed. Rio de Janeiro: Guanabara Koogan, 1996.

ROSE, N. E.; FEIWELL, L. A.; CRACHIOLLO III, A. A method for measuring foot pressure using a high-resolution computerized insole sensor: the effect of heel wedges on plantar pressure distribution and center of force. *Foot Ankle*, v. 13, n. 5, p. 263-70, 1992.

SHORTEN, M. R.; EDEN, K. B.; HIMMELSBACH, J. A. Plantar pressures during barefoot walking. *J. Biomech.*, v. 22, n. 1, p. 1, 1989.

STARON, R. S. *et al.* Strength and skeletal muscle adaptations in heavy-resistance-trained women after detraining and retraining. *J. Appl. Physiol. (1985)*, v. 70, n. 2, p. 631-40, 1991.

TAKESHIMA, N. *et al.* Water-based exercise improves health-related aspects of fitness in older women. *Med. Sci. Sports Exerc.*, v. 34, n. 3, p. 544-51, 2002.

TOUSSAINT, H. M. *et al.* Biomechanics of swimming. In: GARRETT, W. E.; KIRKENDALL, D. T. (ed.). *Exercise and sport science.* Philadelphia, PA: Lippincott Williams & Wilkins, 2000. p. 639-60.

UCHIDA, M. C. *et al. Manual de musculação*: uma abordagem teórico-prática do treinamento de força. 4. ed. São Paulo: Phorte, 2006.

VAN DE GRAAFF, K. M. *Anatomia humana*. 6. ed. Barueri: Manole, 2003.

VIRU, A.; VIRU, M. The specificity nature of training on muscle: a review. *Sports Med. Train. Rehabil.*, v. 4, n. 2, p. 79-98, 1993.

WATKINS, J. *Estrutura e função do sistema musculoesquelético*. Porto Alegre: Artmed, 2001.

WHITING, W; ZERNICKE, R. F. *Biomecânica da lesão musculoesquelética*. Rio de Janeiro: Guanabara Koogan, 2001.

ZANETIC, J. *et al. Mecânica*. São Paulo: Edusp, 2001.

ZATSIORSKY, V. M. *Biomecânica no esporte*: performance do desempenho e prevenção de lesão. Rio de Janeiro: Guanabra Koogan, 2004.

ZATSIORSKY, V. M. *Kinetic of human motion*. Champaign, IL: Human Kinetics, 2002.

SOBRE OS AUTORES

Paulo H. Marchetti

Professor Associado e Supervisor do Mestrado e do Pós-Doutorado da California State University (EUA). Pós-doutorado pelo Instituto de Ortopedia e Traumatologia da Faculdade de Medicina da Universidade de São Paulo (IOT-FMUSP) e pelo Health and Rehabilitation Research Institute (AUT/Nova Zelândia). Doutor em Ciências e mestre em Educação Física pela Escola de Educação Física e Esportes (EEFE) da USP. Especialista em Fisiologia do Exercício e Treinamento Desportivo pela Universidade Federal de São Paulo (Unifesp). Especialista em Strength and Conditioning (NSCA/EUA). Autor de diversos artigos nacionais e internacionais, bem como de capítulos de livros e de livros nas áreas de Biomecânica, *Personal Training* e Musculação. *Master Trainer* e *Research Fellow* pelo Cybex Institute (EUA). Membro da NSCA (EUA).

Mario Charro

Mestre em Biotecnologia pela Universidade de Mogi das Cruzes (UMC). Especialista em Musculação e Condicionamento Físico pela FMU. Graduado em Educação Física pela Universidade de Santo Amaro (Unisa). Professor nos cursos de graduação em Educação Física da FMU e da Universidade Municipal de São Caetano do Sul (USCS). Coordenador dos cursos de pós-graduação *lato sensu* na área de Educação Física da FMU. Coordenador do curso de Musculação e Condicionamento Físico das Faculdades Integradas de Santo André (Fefisa), da USCS e da Estácio de Sá. Coautor dos livros: *Manual de musculação* e *Manual de avaliação física* (Phorte Editora), e *Prescrição e periodização do treinamento de força em academias* (Manole). Conselheiro do Conselho Regional de Educação Física da 4ª Região (CREF4/SP).

Ruy Calheiros

Mestre em Ciências do Movimento Humano pela Universidade Cruzeiro do Sul (Unicsul). Especialista em Treinamento Esportivo pela FMU. Especialista em Treinamento Desportivo pela Academia Estatal da Cultura Física de Moscou (Rússia). Graduado em Educação Física pela Universidade de Santo Amaro (Osec). Coordenador pedagógico do curso de pós-graduação em Biomecânica, Avaliação Física e Prescrição do Exercício da FMU. Coordenador pedagógico do curso de pós-graduação em Fisiologia do Exercício e Prescrição do Treinamento da FMU. Docente do curso de graduação em Educação Física da FMU, da USCS e do Centro Universitário Ítalo-Brasileiro (UniÍtalo). Docente da pós-graduação da FMU, da Estácio de Sá, da União das Faculdades Claretianas (Uniclar), da Faculdade de Educação Física da ACM Sorocaba (Fefiso) e do Hospital Israelita Albert Einstein (HIAE). Coautor do livro *Manual de avaliação física*, pela Phorte Editora. Treinador personalizado.

SOBRE OS COLABORADORES

Carlos Noriega

Doutor em Neurociências pela USP. Mestre em Ciências pela USP. Engenheiro de Sistemas Empresariais pela Universidad Científica del Sur (Lima, Peru). Graduação em Análise de Sistemas pela Faculdade de Engenharia Industrial e Sistemas da Universidad Nacional Federico Villarreal (Lima, Peru). Especialista em Pedagogia em Computação pela Universidad Peruana de Ciencias Aplicadas (Lima, Peru). Ex-atleta de alto rendimento e treinador de Levantamento de Peso Olímpico (LPO) com mais de 25 anos de experiência. Foi membro-pesquisador do Laboratório de Biofísica na EEFE-USP. Palestrante convidado em temas de Biomecânica e LPO. Atualmente, é docente das Engenharias e Ciências da Computação na Universidade São Judas Tadeu (USJT) e membro-pesquisador do Laboratório de Biomecatrônica da Escola Politécnica (Poli) da USP.

Paulo Roberto Garcia Lucareli

Mestre e doutor em Ciências pela USP. Fisioterapeuta pela Universidade de Marília (Unimar). Docente do curso de Fisioterapia e do Programa de Mestrado e Doutorado em Ciências da Reabilitação – Núcleo de Apoio à Pesquisa em Análise do Movimento da Universidade Nove de Julho (Uninove).

Silvio Antonio Garbelotti Junior

Doutor em Ciências pela FMU. Mestre em Morfologia pela Unifesp. Fisioterapeuta pela Universidade do Grande ABC (UniABC). Docente de graduação e pós-graduação nas disciplinas de Anatomia Humana, Neuroanatomia, Biomecânica e Cinesiologia no Centro Universitário São Camilo e na FMU.

Maria Isabel Veras Orselli

Doutora e mestre em Ciências e bacharela em Física, com habilitação em Pesquisa Básica, pelo Instituto de Física (IF) da USP. Atua na área da Biomecânica do Movimento Humano desde 2004. Ex-estagiária do Laboratório de Biomecânica Neuromuscular da Universidade de Wisconsin-Madison (Programa de Doutorado Sanduíche no Exterior pela Coordenação de Aperfeiçoamento de Pessoal de Nível Superior – Capes). Docente no Centro Universitário Franciscano (Unifra), em Santa Maria (RS), nas disciplinas da área de Biomecânica e Engenharia de Reabilitação. Consultora de análise do movimento em projetos do Instituto Nacional de Tecnologia, em conjunto com a Universidade Presbiteriana Mackenzie. Ex-pesquisadora na área de Biomecânica Aplicada à Clínica e ao Esporte do Laboratório de Biomecânica do Instituto Vita. Tem especial interesse em análise e simulação do movimento humano, em particular, no entendimento da marcha humana e na aplicação da Biomecânica nas áreas clínica e esportiva.

Sobre o Livro
Formato: 21 x 28 cm
Mancha: 15 x 22 cm
Papel: Offset 90g
nº páginas: 352
2ª edição: 2019

Equipe de Realização
Assistência editorial
Liris Tribuzzi

Edição de texto
Gerson Silva (Supervisão de revisão)
Roberta Heringer de Souza Villar (Preparação do original e copidesque)
Tegnus Franciscus Lamas (Revisão)

Editoração eletrônica
Évelin Kovaliauskas Custódia (Adaptação de capa, projeto gráfico e diagramação)
Ricardo Howards (Ilustrações dos capítulos 1, 7, 8 e 9)
Fabio Valério e Marcio Maia (Imagens 3D)
Guilherme Lunardelli e Fabio Valério (Fotografia)

Impressão
Pifferprint